Einfach
total genial ...

Warum wir Ossis
nicht zu bremsen sind

Aus dem Inhalt

Vorwort

Schon gehört? Ferrari ist jüngst bei einem Formel 1-Rennen an einer Zündkerze gescheitert. Nichts ging mehr bei der Hightech-Karre von Sebastian Vettel. Trabi-Fahrer können darüber nur schmunzeln. Zündkerze wechseln? Das haben wir früher selbst gemacht. Nebenbei, während wir den Vergaser und das Getriebe repariert haben.

Nach dem Erfolg unseres Buches „Kennst du den?" dachten wir, es ist Zeit, diesmal dem pfiffigen Ossi ein paar Extrakapitel in einem Buch zu widmen – wieder mit tatkräftiger Unterstützung. Ein Aufruf in der Tageszeitung Nordkurier war der Anfang. Kreative DDR-Bürger wurden gesucht. Erfinder, Menschen, die aus der Not eine Tugend machten und Versorgungsengpässe einfach umschifften. Und: Wir sind fündig geworden! Trabi- und Trecker-Bastler, Künstlerinnen an der Nähmaschine, geschickte Erfinder – all diese Menschen finden Sie, liebe Leser, auf den folgenden Seiten. Wir hoffen, dass wir die eine oder andere Überraschung parat haben. Wer hätte denn schon ahnen können, dass eines der erfolgreichsten Ost-West-Joint-Ventures dazu führte, dass aus zwei Trabis ein Boot wurde? Damit Sie nicht zu viel lesen müssen, hat sich Karikaturist Andreas Meenke wieder seine Gedanken über die verflossene DDR gemacht. Außerdem gibt es jede Menge Fotos und natürlich Ost-Witze. Es darf also gelacht werden.

Falls Sie sich bei der Lektüre an witzige Geschichten aus der DDR oder aber die eigene Erfindung erinnern, die im Keller schmort, dann schreiben Sie uns doch. Wir freuen uns immer über Post!

Ihr Frank Wilhelm

Bau auf, bau auf

Gibst Du mir, gebe ich Dir: Der schwierige Bau einer Finnhütte

Lohr Koman wollte sich in den 1980er Jahren ein Häuschen im Grünen bauen. Das führte zu einem permanenten Kampf ums knappe Material. In einem speziellen Fall schien es keinen Ausweg mehr zu geben.

Wir schrieben das Jahr 1987. Ich benötigte für den Bau meiner Finnhütte dringend Klinkersteine für den Mauerwerkssockel und den Schornsteinkopf. Egal, womit ich demnächst weiterbauen wollte, immer war da das Problem mit der Materialbeschaffung. Entweder, es gab gar nichts. Oder aber das Benötigte musste sündhaft teuer eingekauft werden. Oder aber es gab die Möglichkeit des Tauschhandels. Man besaß oder konnte etwas Besonderes, beispielsweise Fliesen legen. Diese Fähigkeit konnte man dann gegen andere Arbeiten eintauschen. Oder aber, man kannte einen, der einen kannte, der was hatte.

Diese Situation hat ein Prinzip der Selbstbeschaffung hervorgerufen. Hierzu gehörte die regelmäßige Suche nach liegen gebliebenem Material. Trotz Materialknappheit wurde auf den Baustellen Volkseigener Betriebe (VEB) oft geschludert. Manchmal lag die Goldware in unfassbaren Mengen einfach so in der Gegend rum. Das war nach meiner Auffassung auch einer der Bausteine des Untergangs der DDR. Eine Motivation zum sparsamen Umgang mit Material gab es nicht. Das beste Beispiel war der enorme Wasserverbrauch in den staatlichen Wohnblöcken.

Ging man seinerzeit in den Keller eines Schlossers, staunte man über dessen Ausstattung. Die war meistens vom Allerfeinsten: Große Schraubstöcke, wie man sie niemals hätte kaufen können.

Die Finnhütte von Lohr Koman aus Neustrelitz. Es brauchte viel Schweiß und Beziehungen für den Bau.

Schraubenschlüssel aller Größen, Hämmer in großer Vielfalt, ebenso Schraubenzieher und so weiter. Nicht, dass diese Werkzeuge heimlich versteckt wurden. Nein, sie wurden stolz jedem Besucher präsentiert. Sieh mal, das habe ich alles aus dem VEB-Laden, wurde sogar noch getönt.

Zu dem Thema gab es auch viele Sprichwörter und Anekdoten. Nur ein Beispiel: Der Wachdienst schaute zu, wie ein Kollege mit einer leeren Schubkarre jeden Tag durch das Hoftor fuhr. Eines Tages sprach er den Mann an und fragte: „Sag doch mal, Du fährst hier jeden Tag mit einer leeren Schubkarre raus, klaust Du denn gar

nichts?" – „Doch", erwiderte der Gefragte, „ich klaue Schubkarren!"
Bei meinen Klinkersteinen handelte ich das einzige Mal wie ein
Dieb. Auf einer Baustelle entdeckte ich die Steine als „Restbestand".
Ein Prenzlauer Baubetrieb hatte einen Heizungsschornstein errich-
tet, der fertiggestellt war. Vier oder fünf Mal musste ich mit dem
Trabi fahren, dann lagen die Steine auf meiner Baustelle. Wenn die-
ser Diebstahl zum Untergang der DDR beigetragen hat, war es we-
nigstens noch eine gute Tat.

Aber eigentlich war ich ein Kleinstkrimineller unter den wah-
ren Haudegen der Branche. Ich weiß von Beispielen, da wurde
kubikmeterweise Beton aus Mischanlagen „aborganisiert". Die
„Aborganisation" betraf auch Kanthölzer in Größenordnungen aus
Sägegattern und Verschiebungen ungeahnten Ausmaßes bei Milch,
Brot und Pflanzenschutzmitteln.

Schließlich kam der Tag, an dem ich dringend Holz für Aufschieblinge zum Weiterbau meiner Finnhütte benötigte. Dabei handelt
es sich um auf die Dachsparren aufgenagelte und extra dafür keil-
förmig zugeschnittene Hölzer. Statisch erfüllen sie keinen Zweck.
Die leicht geschwungen auslaufende Satteldachfläche sieht dank
der Aufschieblinge aber viel ansehnlicher aus. Ich hatte auf meiner Finnhütte elf Dachsparrenpaare eingebaut. Also benötigte ich
22 Aufschieblinge mit den Maßen 220 mal 10 mal 5 Zentimeter. Das
ist im Grunde keine große Menge Holz. Aber die Einzellänge und
der keilförmige Zuschnitt erforderten dann doch eine Holzwerk-
statt mit einem entsprechenden Sägetisch und natürlich erst einmal
das Holz selbst. Geh mal solches Holz in der DDR einkaufen! Viel
Glück, das ging überhaupt nicht.

Ich erinnere mich noch, wie mir mein Arbeitskollege Hartwig immer
wieder von seinem Besuch eines Baumarktes im Westen erzählte:

Dort habe ein Verkäufer am Sägetisch gestanden und gefragt, was er denn zugeschnitten haben möchte, er würde das gleich erledigen. So etwas konnte tatsächlich nur in einer anderen Welt passieren.

Als ich dann die Augen öffnete, war ich wieder in meiner DDR-Welt. Ich stand auf zwei Beinen, hatte kein Holz und keine Ahnung, wie ich denn solches besorgen kann. Woher nehmen, wenn nicht stehlen? Wenn ich gewusst hätte, wo die Kanthölzer im Gelände rumliegen, hätte ich sie „aborganisiert". Aber es lagen nun mal keine rum. Und bestellen und kaufen? Das ging gleich überhaupt nicht. Also war der letzte Weg, überall zu fragen: Vielleicht kannte ja jemand einen, der einen kennt, der Holz hat und dann auch noch Aufschieb-

linge zuschneiden kann. Ich hatte Glück. Ich traf auf meinen Lieblingsonkel Herbert. Der war Maurer, also schon mal in der richtigen Branche. Er kannte einen Tischler auf dem Dörfchen, für den er auch mal gearbeitet hatte. „Da fährst Du hin, bestellst ihm schöne Grüße von mir und sagst ihm, was Du brauchst. Dann schneidet er Dir das Holz gleich zu", sagte er zu mir. Ich war voll des überraschenden Glücks.

Als ich am nächsten Tag in der Werkstatt im besagten Ort angekommen war, war der Tischler tatsächlich da. „Tag Chef", sagte ich, „schöne Grüße vom Maurer Herbert, der hat mir gesagt, dass Sie mir helfen werden. Es ist ja auch nicht viel." Was ich denn brauche, fragte er mich. „Nur 22 Stück Aufschieblinge", antwortete ich.

„Dann komm mal in 14 Tagen wieder, ich muss sie erst zuschneiden." Peng, das hatte gesessen. Ich hatte mich so gefreut und nun das. Ich wollte und konnte nicht warten. Mir fiel in solchen Situationen immer etwas ein. Geht nicht, gibt es bei mir nicht. Ich hatte vor seinem Gartenzaun einen frisch abgekippten Hänger mit Kuhmist erblickt. Ein richtig schön großer Misthaufen, der einen schönen Gestank verbreitete. Am aufsteigenden Dampf war zu erkennen, dass er noch frisch war. „Chef", sagte ich zu ihm, „Geschäftsvorschlag: Ich karr Ihnen den Mist in den Garten, und Sie schneiden mir in dieser Zeit die Aufschieblinge zu." Der Tischler schaute nur kurz auf den Misthaufen und sagte ziemlich schnell: „O.K. min Jung, karr den Mist rinn und ich schneid Dir die Dinger zu."

Ich machte mich gleich an die Arbeit. Durch den Regen war die Fahrspur matschig geworden. Aber das machte mir nichts. Ran und durch. Ich schuftete richtig. Nach dreieinhalb Stunden war der große Misthaufen tatsächlich in seinem Garten, und ich geschafft. K.o.! „So Chef", sagte ich zu ihm, „wo sind die Aufschieblinge?" – „Die stehen da hinten an der Wand. Kriegst Du sie alle weg?" Na klar. Auch in schwierigen Transporten war ich mit meinem Trabi geübt. Gekonnt fädelte ich die langen Hölzer einzeln durch die Kofferklappe über den Beifahrersitz und bekam tatsächlich alle, geschickt aneinander geschoben, hinein. Rechtsseitig konnte ich kaum über das aufgeschichtete Holz schauen. Der Trabi bekam zwar Schieflage und hatte einen kleinen Überstand hinten raus. Aber das machte ja nichts, ohnehin fuhr ich ja nur über die Dorfstraßen zurück.

„Das macht dann 180 Mark", sagte der Tischler zu mir. Da war ich doch ein bisschen erstaunt und verdattert. Da schuftest Du wie ein Berserker und dann bezahlst Du auch noch ordentlich dafür. Schweren Herzens zahlte ich ihm die 180 Mark, fuhr dann aber dennoch glücklich zu meiner Baustelle zurück. Das war ein Fest. Nun wurden die Aufschieblinge eingebaut! Eine Fuhre Kuhmist im Matsch karren plus 180 Mark, dazu eine abenteuerliche Transportreise und dann hast Du dafür endlich Deine Glückseligkeit, die Aufschieblinge. Im Trabi roch es dann nach frischem Holz. Mann, roch das schön.

Der arme Mann im Baumarkt, der hinter dem Sägetisch stand und auf Kunden lauert. Einen Misthaufen, der auch noch in den Garten zu karren ist, konnte er nicht bieten. So hatte wieder einmal der Kommunismus die Oberhand gehalten. War das vielleicht die Sache mit dem Überholen ohne einzuholen?

❀ **Kennst du den?** ❀

Wie macht ein Volkspolizist eine Flasche Bier auf?
Er ruft der Flasche zu: „Aufmachen! Polizei!"

Uckermärker gießt 900 Hohlblocksteine für den Stall selbst

Anfang der 1980er Jahre wollte sich Manfred Richter aus Alexanderhof bei Prenzlau einen Stall bauen. Er bekam allerdings partout keine Steine zu kaufen. Doch der Kfz-Schlosser wusste sich zu helfen.

Für den Besuch hat Manfred Richter das gute Stück extra noch einmal gesäubert und schwarz gestrichen. Jetzt glänzt die auf den ersten Blick unscheinbare Metallkonstruktion, die in seiner Garage in Alexanderhof (Uckermark) steht. Vier quadratische Metallplatten sind durch Scharniere miteinander verbunden. Dazu ein Metallklotz mit Griff, der auf den ersten Blick wie ein altes Bügeleisen aussieht. Natürlich gibt es eine Geschichte zu dem guten Stück, das Manfred Richter (63) Anfang der 1980er Jahre wertvolle Dienste geleistet hat. Nachdem die Familie sich das Häuschen in dem kleinen Dorf bei Prenzlau umgebaut und saniert hatte, sollte ein kleiner Stall folgen. Wie die meisten Menschen auf dem Lande wollten Richters das eine oder andere Stück Vieh halten, Schweine und Kaninchen beispielsweise. Steine für den Neubau mussten her. Leichter gesagt, als getan. Ziegel und Hohlblocksteine waren eigentlich all die 40 Jahre DDR knapp.

Warum die Steine nicht selbst bauen, sagte sich Manfred Richter. Denn Zement, immer mal wieder auch ein rarer Baustoff in der DDR, gab es seinerzeit zu kaufen. Kies war auf dem Lande auch schnell beschafft. Richter ist gelernter Kraftfahrzeug-Schlosser. Er kennt sich also aus mit Metallkonstruktionen. Und: Er kann vor allem auch schweißen. Aus gebrauchtem Stahlblech und Scharnieren baute er eine Metallform, um die Steine selbst zu produzieren.

Manfred Richter aus der Uckermark hat die selbst gebaute Form extra fürs Foto noch einmal aufpoliert und einen Hohlblockstein gegossen.

Der Metallblock für die Mitte sorgte dafür, dass aus dem Zement-block ein Hohlblockstein wurde. Formen, mit denen in einem Arbeitsschritt sogar vier Steine gegossen werden konnten, hatte seinerzeit auch die Bäuerliche Handelsgenossenschaft (BHG) im Besitz. „Doch die waren damals immer ausgeliehen", sagt Richter.

Zement und Kies wurden in einem Verhältnis von 1:3 gemischt. Anschließend kam die Masse in die Form. Nach ein bis zwei Tagen war der Beton ausgehärtet. Richter konnte den Stein von der Form befreien. 900 Steine für den Stall fertigte er auf die Art und Weise. In der kalten Jahreszeit goss Richter seine Steine in der geheizten Garage, damit im Frühjahr ausreichend Baumaterial vorhanden war. Der Stall steht heute noch. Der Zement Made in GDR war nicht der Schlechteste. Richters Steine erweisen sich als sehr stabil.

Gute Dienste hat ihm damals auch ein selbst gebautes Schweißgerät geleistet, das heute noch funktioniert. Ein Elektriker der Reichsbahn hatte das Gerät konstruiert und gebaut. Solch ein Gerät war seinerzeit Goldstaub in der DDR. Den Bau des eisernen Gartenzauns, diverse Reparaturen an Gerätschaften sowie Autos und auch die Metallkonstruktion der selbst gebauten Hollywoodschaukel hat Manfred Richter damals mit Hilfe des Schweißgeräts erledigt.

❀ Kennst du den? ❀

„Du Schatz, ich lese hier gerade: 'Die DDR gehört zu den zehn führenden Industrie-Nationen der Welt'. Ich glaube, das schreibe ich mal unserem Onkel Herbert in Düsseldorf." „Klar, mach das ... und wenn Du gerade dabei bist – er soll zu Ostern ein paar Rollen Klopapier mitschicken."

Schöner Wohnen

*Wenn es um die Überbrückung von Versorgungsengpässen ging,
war der DDR-Bürger in allen Bereichen kreativ. Auch bei der
Gestaltung von Mobiliar und Einrichtungsgegenständen.*

Heiß

Hier hat sich Mann aber wirklich Mühe gegeben. Erotische, hand-
gemalte Bilder zieren Biergläser, die für eine fröhliche Herrenrunde
gesorgt haben dürften. Wohl bekomm's! *Fundort: Textilmuseum Forst*

Panzerstark

Diese Teile einer Hausflurgarderobe entstanden in „Feierabend-Arbeit" im Reparaturwerk Neubrandenburg (RWN). Verwendet wurden Panzerlaufrad-Lamellen vom Planetenlenkgetriebe des T54. So entstanden unter anderem Schlüsselbretter, Kleiderbürsten und Kerzenhalter.

Regionalmuseum Neubrandenburg

Geklammert

Mit Handarbeiten schlugen Tausende Soldaten der Nationalen Volksarmee ihre langen Abende in der Kaserne tot. Wäscheklammern ohne Ende wurden für Krüge und Becher verarbeitet. Im Inneren findet sich das Ende einer sauber abgeschnittenen Weinflasche, so dass aus den Bierkrügen sogar getrunken werden konnte.

DDR-Museum Malchow

Soldatenkunst

Auch dieses geschmackvoll gearbeitete Utensil wurde durch Soldaten gefertigt. Solche Gefäße konnten beispielsweise als Behältnisse für Senf – den gab's immer, auch in der DDR – und Gewürze genutzt werden.

DDR-Museum Malchow

Lichtgestalt

Tausende Streichhölzer wurden für diesen Lampenschirm verwendet, der in Feierabend-Arbeit in einer Kaserne produziert wurde. Wie viele Stunden wohl gebraucht wurden, die Streichhölzer abzubrennen?

DDR-Museum Malchow

Holzvase

Ebenfalls aus Streichhölzern wurde diese liebevoll gestaltete Vase gefertigt. Vielleicht war es ein Urlaubsgeschenk für die Liebste eines Uniformierten?

DDR-Museum Malchow

Schwergewichte

Diese Vasen wurden aus verschiedenen Metallen gefertigt. Sie waren beliebte, privat im Volkseigenen Betrieb hergestellte Konsumgüter. Entstanden sind die Schwergewichte unter anderem im Energiekombinat Schwarze Pumpe, im Chemiefaserwerk Guben und bei der NVA. *Textilmuseum Forst*

Der Standhafte

In Falkenberg gab es eine Firma Karl Schmidt, die Elektroherde herstellte. Für den Export über den Hafen Rostock wurden die Geräte in Sperrholzkästen verstaut, erinnert sich Rudolf Kutter, der diesen Couchtisch besitzt. „Mit Glück und Beziehungen konnte man solche 'Abfallplatten' erstehen! Aus den Platten baute unser Opa Ende 1960 diesen Tisch."

Textilmuseum Forst

❀ Kennst du den? ❀

Fragt die Lehrerin in der Schule: „Fritzchen, wie viele Gebote der Thälmann-Pioniere gibt es?" – „Zehn, Frau Lehrerin", antwortet er. „Und was passiert, wenn Du eines davon brichst?" – Fritzchen überlegt kurz und sagt: „Dann sind es nur noch neun, Frau Lehrerin."

Selbst gebauter Zaun steht länger als die Berliner Mauer

Fertige Zäune gab es eher selten zu kaufen. Deshalb machten sich viele Menschen auf den Dörfern daran, die Begrenzung fürs Grundstück selbst zu errichten. Matthias Diekhoff erinnert an ein Familien-Projekt.

Zäune haben in der Regel zwei wichtige Funktionen. Zum einen soll nichts heraus kommen. Und zum anderen nichts hinein. Dieser Zaun aber sollte einfach nur schön sein. Kleinere Tiere spazieren einfach so hindurch und größere Buben steigen einfach so hinüber. Doch wer einen schönen Zaun will, muss natürlich auch ein bisschen leiden. In diesem Fall eine ganze Familie. Denn natürlich gab es die entsprechenden Zaunelemente nicht zu kaufen, jedes einzelne musste per Hand angefertigt werden. Dass sich dieser Prozess

Der Zaun der Familie Diekhoff steht heute noch zuverlässig. Einst gab es für den Eigenbau sogar einen Preis.

über mehrere Jahre ziehen würde, konnte am Anfang keiner ahnen, als das Projekt Mitte der 70er Jahre – noch ganz unschuldig vom Familienoberhaupt auf ein Stück Millimeterpapier skizziert – auf dem Küchentisch lag. Immerhin ging es um die gesamte Umfriedung eines anständigen Dorfgrundstücks.

Zunächst machte sich das Familienoberhaupt an die Formen aus Stahlblech in verschiedenen Schwierigkeitsstufen, so dass jeder in der Familie entsprechend seinen Fähigkeiten bei der Produktion mitmachen konnte, ohne größere Schäden anzurichten. Die Prozedur war aber immer die gleiche. Eine etwa erdfeuchte Mischung aus Zement und Sand ansetzen, davon eine nicht zu dicke Schicht in die Formen füllen, die sich auf einer entsprechend großen Asbestplatte befand (offenbar war das Asbest von damals ein anderes, zumindest hat sich keiner drüber aufgeregt), die Mischung mit einem schmalen Brettchen feststampfen, nächste Schicht einfüllen und so weiter, bis die ganze Form gefüllt war. Diese wurde dann zum Trocknen beiseite gestellt. Und das ganze Spiel von vorn. Tausendfach – gefühlt zumindest.

Obwohl dieser Vorgang äußerst faszinierend ist und der jüngste Sohn des Familienoberhauptes den Traum seines Erzeugers von einem schönen Zaun durchaus zu teilen bereit war, kam er irgendwann nicht mehr umhin, Geld dafür zu verlangen. Volle zehn Pfennig pro Stein. Was das Projekt zwar unnötig verteuerte, aber nicht in Gefahr bringen konnte. Als der Zaun schließlich fertig war, war er so schön geworden, dass es tatsächlich für eine Auszeichnung des örtlichen Bürgermeisters aus der Rubrik „Schöner unsere Städte und Gemeinden" reichte. Natürlich für das Familienoberhaupt, das sich die ganze Sache ausgedacht hatte. Das formende Familien-Volk freute sich am Rande mit.

Mittlerweile ist der Ruhm etwas verblasst und die Jahrzehnte haben ihre Spuren an dem ehemaligen Prachtstück hinterlassen. Aber er steht immer noch und hat damit länger gehalten als die Berliner Mauer.

Wäre die so durchlässig gewesen wie der schöne Zaun, dann stünde sie vielleicht immer noch.

❀ **Kennst du den?** ❀

Sein Chauffeur fährt Erich Honecker über Land. An einem Haus, das besonders schön ist, lässt der SED-Chef den Fahrer stoppen. In der Einfahrt steht ein Trabant, im Garten spielt ein kleiner Junge. Honecker spricht ihn an: „Wo ist denn Dein Vater." – „Der ist mit dem Wartburg zur Arbeit gefahren." – „So, so, ein Wartburg", sagt Honecker, „und wo ist Deine Mutter? – „Die ist mit dem Lada zum Friseur gefahren." – „Ein Wartburg und ein Lada", wundert sich Honecker, „und was macht ihr mit dem Trabant." – „Der ist nur so zum Einkaufen." Honecker schüttelt mit dem Kopf: „Wo ist denn Dein Opa?" – „Der guckt einen Film im Farbfernseher." Honecker ist verwundert: „Ein Farbfernseher auch noch. Kann ich denn mal Deinen Opa sprechen?" – „Na klar", sagt der Junge, „aber wer bist Du denn überhaupt." – „Ich bin derjenige, dem ihr Euer gutes Leben verdankt." – „Logisch", sagt der Junge und ruft ins Haus hinein: „Opa, komm mal, Onkel Genex ist da."

Ohne „Vitamin B" ging nichts – erst recht nicht beim Hausbau

Dass man in der DDR gar keine Möglichkeit hatte, ein eigenes Häuschen zu bauen, wäre Schwarz-Weiß-Malerei. Es gab allerdings eine Kausalität zwischen Geburtenfreudigkeit und Eigenheim, weiß Frank Wilhelm.

Statt in Potsdam hätte ich auch in dem Dorf Groß Kreutz bei Werder meine Jugend genießen können. Meine Eltern hatten sich Ende der 70er Jahre das nötige Kleingeld für ein Häuschen zusammengespart. Auch ein Grundstück war reserviert. Dann stellte sich allerdings heraus, dass Mutter und Vater der falschen Klasse angehörten. Beide waren Lehrer und gehörten somit der Klasse der Intelligenz an. In das DDR-Eigenheimprogramm wurden jedoch insbesondere Vertreter der Arbeiterklasse und der Genossenschaftsbauern aufgenommen. Oder aber kinderreiche Familien. Auch dieses Kriterium verfehlten meine Eltern mit „nur" zwei Jungs. Ein Knirps mehr und es hätte vielleicht geklappt mit dem Eigenheim.

Doch ihr Traum vom eigenen Häuschen war schnell ausgeträumt. Obwohl wir bereits das notwendige Bauholz liegen hatten – selbst geschlagen im Wald, mit Hilfe eines Traktors der LPG (Landwirtschaftliche Produktionsgenossenschaft) ins Sägewerk transportiert und als Bretter und Kanthölzer wieder abgeholt.

Tante und Onkel hatten mehr Glück. Auch sie kamen zwar nur auf zwei Kinder. Dafür gehörten sie zur Arbeiterklasse. Somit bekamen sie ein Eigenheimkontingent zugewiesen. Die Lieferung des Standardmaterials war damit sichergestellt. Allerdings beschränkt auf einen Einheitshaus-Typ mit der fantasievollen Bezeichnung GU2. Dahinter verbarg sich ein schlichter Flachbau mit 94 Quadratmetern

Grundfläche, entworfen durch die „Kreisentwurfsgruppe Klötze" im Ministerium für Bauwesen. „Flaches Dach und hoher Keller" ergänzen DDR-Kundige, um die GU2-Form salopp zu beschreiben.

Die Baukosten waren mit 39 000 Mark angesetzt. Über diese Summe gab es zumindest für Tante und Onkel einen zinsgünstigen Kredit vom Staat. Auch wenn das Material für den „Planbau" bereitgestellt wurde, hieß das noch längst nicht, dass es auch auf der Baustelle ankam. Tante und Onkel beispielsweise erhielten an einem Donnerstagabend einen Anruf, dass am Freitag die Steine mit dem Zug geliefert würden – bis zum Bahnhof. Wie der Transport zur Baustelle organisiert werden sollte, blieb ihnen überlassen. Zum Glück war mein Onkel bereits damals jemand, den man heute Netzwerker nennen würde. Er kannte die richtigen Leute. Auch Hausbauer kamen nicht ohne „Vitamin B" aus – die berühmt-berüchtigten Beziehungen. Beispielsweise: Tausche Ferienplatz gegen Aal gegen Fliesen. Auch die eine oder andere Westmark sorgte dafür, dass ungeahnte Material-Schätze zur Verfügung standen.

Meine Verwandten wollten im Bad unbedingt etwas anderes installiert haben als das weiße Standard-Klo, das weiße Standard-Waschbecken und die weiße Standard-Wanne. Sie konnten auf das Beziehungsgeflecht unserer großen Familie zurückgreifen: Die Schwester eines Bekannten eines Freundes einer Cousine arbeitete bei der Baustoffversorgung im Bezirk Leipzig, heute Sachsen. Er besorgte die Sanitär-Einrichtung in gelb. Das war Bückware in der DDR.

Auf ähnliche Art und Weise bewiesen viele Bürger in Honeckers Mangel-Republik kreative Qualitäten, wenn es um das Füllen von Materiallücken oder die Weiterentwicklung des Standardbaus ging. Ein Baugutachter aus Leipzig beschreibt das aus heutiger Sicht wie folgt: „Beim Typ GU2 kam es jedoch regelmäßig zu DDR-typischen

Abweichungen bei der Realisierung der Bauausführung." Der am häufigsten gebaute Eigenheim-Typ trug den Namen EW 58. Auch hier haben die Häuslebauer je nach Materiallage immer wieder ihrer Individualität freuen Raum gelassen. Kaum eines der Typenhäuser gleicht dem anderen. Gemeinsam sind ihnen der fast quadratische Grundriss und das steile Dach mit der leicht ausgestellten Traufe. Rund 500 000 Mal wurde das EW 58 gebaut.

Mein Vater verwirklichte seine Hausbau-Träume in den 80er Jahren – mit einem „Initiativbau". Jeder Sack Zement, jeder Stein, jedes Werkzeug musste selbst besorgt werden. Zum Glück hatte er noch das Holz für den geplatzten Eigenheim-Traum aufgehoben. Die Bretter waren wertvolle Tauschmasse.

Ein Stein, eine Kelle, ein Bier. Baustelle eines Einfamilienhauses in Torgelow in den 70er Jahren.

Wo der Begriff »Kinder-Garten« herkommt.

„Kaufhallenschreck" empfahl Handwerkern einen Tee auf den Durst

Marianne Rebstock aus Neustrelitz hat mit ihrem Mann
in den 60er Jahren ein Haus gekauft. Doch nutzen durfte
die Familie die eigene Immobilie nur mit Einschränkungen.

Auch mein Mann und ich haben mit der Mangelwirtschaft in der ehemaligen DDR unsere Erlebnisse gemacht. Wir waren jung verheiratet, und ich war schwanger. Anfang der 1960er Jahre haben wir uns ein Einfamilienhaus in Mirow gekauft. Die Wohnung war nicht bezogen, aber wir durften leider nicht einziehen. Eine Familie aus Westdeutschland war in die DDR umgesiedelt, sie bekam von der kommunalen Wohnungsverwaltung (KWV) die Wohnung zugewiesen. Wir durften im Obergeschoss in ein Zimmer von neun Quadratmetern Größe mit Küchen-Benutzung ziehen – mit drei Personen. In unserem eigenen Haus.

In den 70er Jahren bauten wir ein Haus in Neustrelitz. Es war Sommer, und es war sehr warm. Wir wollten für die fleißigen Handwerker in unserer Kaufhalle Getränke kaufen – Mineralwasser und Bier. Leider hat eine Verkäuferin – wir nannten sie den „Kaufhallenschreck" – angesichts des knappen Angebots gemeint, unsere Handwerker könnten Tee trinken. Ich habe ihr erwidert, dass wir bestimmen, was unsere Handwerker trinken.

Fliesenbestellung

*Wer in der DDR Fliesen kaufen wollte, stand auf verlorenem Posten.
Es sei denn, er hatte „blaue Fliesen" im Angebot –
eine Anspielung auf den 100-DM-Schein.*

Wilfried Möller aus Bocksee bei Möllenhagen fragte Ende 1980 nach, was aus seiner Fliesenbestellung von vor fünf Jahren geworden sei und erhielt nach einem Monat sogar eine Antwort. Heute schreibt er dazu: „Ich halte dieses Schreiben gerne 'DDR-Nostalgikern' unter die Nase. Man brauchte eigentlich gar keine Witze über die Verhältnisse in der DDR zu machen. Die Realität war humorvoll genug, allerdings erst im Nachhinein."

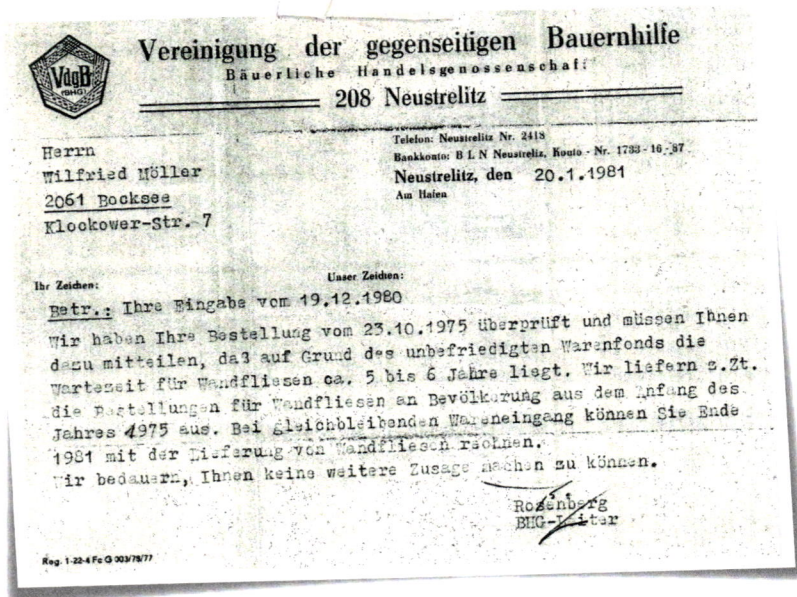

Freitag ist Badetag!

Mit dem einen Bein im Knast, mit dem anderen auf der Tafel der Besten

Gerd Brummund arbeitete zehn Jahre als Meister für Instandhaltung bei der Konsumgenossenschaft Neubrandenburg. Trotz aller Probleme beherzigte er stets die Devise: Irgendwie finden wir immer eine Lösung.

Damals gab es nichts, was nicht ging und in der Abteilung Instandhaltung der Konsumgenossenschaft Stadt und Kreis Neubrandenburg (Definition: **KONSUM** = **K**ollegen **O**hne **N**erven **S**ind **U**nsere **M**itarbeiter) war dies das tägliche Arbeitsmotto. Vielen sind sicher noch die Konsum-Werbeslogans bekannt. Beispielsweise: „Lieber etwas weiter laufen, aber doch im Konsum kaufen"!

In dieser Abteilung wirkte ich von 1980 bis zur Wende als Meister für Instandhaltung. Wir haben damals vieles unter dem Motto „Glück ist lenkbar" in den Griff bekommen. Nehmen wir als Beispiel den defekten Schornsteinkopf einer Konsumverkaufsstelle auf dem Lande. Wurde der nicht schnell repariert, konnte es zu einem Brand kommen und schon stand ich mit einem Bein im Strafvollzug. Das war damals übrigens ein weit verbreitetes Arbeitsmotto: „Mit einem Bein im Knast und mit dem anderen Bein auf der 'Tafel der Besten'." Für die dringende Reparatur des oben genannten Schornsteins benötigte ich unbedingt etwa 300 Klinker, also speziell gebrannte Mauersteine. Diese Steine waren eigentlich „Goldstaub" und nirgends zu beschaffen. Hier setzte nun meine Kreativität die sozialistische Beschaffungsmaschinerie in Bewegung.

1. Schritt: Konspiratives Gespräch – unter vier Augen – mit einem leitenden Mitarbeiter der Baustoffversorgung. Ergebnis: Klinker sind eigentlich aus – aber vielleicht … Er brauchte dringend einen Nachschalldämpfer für seinen Trabant „De Luxe".

2. Schritt: Konspiratives Gespräch – unter vier Augen – mit einem Meister der Trabantwerkstatt. Ergebnis: Nachschalldämpfer sind eigentlich aus – aber vielleicht … Er brauchte dringend einen Farbfernseher „Colorett", der nirgendwo erhältlich war!

3. Schritt: Konspiratives Gespräch – unter vier Augen – mit dem Leiter der Konsumverkaufsstelle für Heimelektronik. Ergebnis: „Colorett" Farbfernseher sind eigentlich aus – aber vielleicht … Er brauchte dringend einen Tischler, denn die Eingangstür seines Bungalows am Tollensesee war defekt. In diesem Moment hatte ich die Hälfte des Klinkerbeschaffungsproblems geklärt!!!

4. Schritt: Konsumtischler für die Reparatur der Bungalowtür zum Tollensesee schicken.

5. Schritt: Farbfernseher „Colorett" von der Konsumverkaufsstelle für Heimelektronik abholen, zur Trabantwerkstatt liefern und Nachschalldämpfer in Empfang nehmen.

6. Schritt: Nachschalldämpfer zur Baustoffversorgung liefern und 300 Klinker abholen.

7. Schritt: Schornsteinkopf reparieren.
Unter dem Motto: „Die kürzeste Verbindung zwischen zwei Punkten ist der Kreis", stand ich danach wieder mit beiden Beinen auf der „Tafel der Besten".

❀ **Kennst du den?** ❀

Kommt ein Junge nach Hause und erzählt seinem Vater: „Wir haben jetzt Staatsbürgerkunde. Kannst Du mir mal erklären, was Politik ist?" „Ja", sagt der Vater, „also pass mal auf: Ich bringe das Geld nach Hause. Ich bin das Kapital. Deine Mutter verwaltet das Geld und gibt es auch wieder aus. Deine Mutter ist die Regierung. Der Großvater, der bei uns lebt, passt auf, dass alles mit rechten Dingen zugeht. Das ist die Gewerkschaft. Und die Anna, die bei uns im Haushalt hilft, ist die Arbeiterklasse. Und für wen tun wir das alles? Für Dich. Du bist das Volk. Und Dein kleiner Bruder, der noch in den Windeln liegt, ist die Zukunft. Hast Du das verstanden?" „Ja", sagt der Junge, „aber ich glaube, ich muss da noch mal drüber schlafen."

Nachts wird der Junge wach, weil sein kleiner Bruder in die Windeln gemacht hat und schreit. Er steht auf und geht in das Schlafzimmer seiner Eltern. Dort liegt aber nur seine Mutter. Die schnarcht und schläft so tief, dass er sie gar nicht wach bekommt. Also geht er zu Anna. Aber die liegt mit seinem Vater im Bett. Der Großvater schaut von außen durchs Fenster und schaut zu. Da hat der Junge die Nase voll, geht wieder ins Bett und legt sich hin.

Am nächsten Morgen fragt ihn sein Vater beim Frühstück: „Hast Du nun begriffen, was Politik ist?" „Ja, das habe ich jetzt begriffen. Also: Das Kapital missbraucht die Arbeiterklasse. Die Gewerkschaft schaut zu. Die Regierung schläft. Das Volk wird ignoriert und die Zukunft liegt in der Scheiße."

GO
TRABI
GO

Wie aus zwei Trabis
ein Boot gebaut wurde

Was ist das denn? Ein Boot oder aber ein Trabant? Die „Trabitanic"
im Rechliner Luftfahrtmuseum sieht außergewöhnlich aus. Das
Wasserfahrzeug ist ein gelungenes Joint Venture von Ost und West.

Auf den ersten Blick sieht die ungewöhnliche Konstruktion auf dem
Gelände des Rechliner Luftfahrttechnischen Museums wie ein Boot
aus. Auf den zweiten Blick sagt man sich: Moment mal, da stimmt
doch was nicht! Schaut das nicht doch auch ein bisschen nach einem
Trabant aus? Was heißt ein bisschen! Der Schöpfer des ungewöhn-
lichen Fahrzeugs, Hans-Horst Wolf aus Sietow, hat sogar zwei
Trabant-Dächer komplett mit Front- und Seitenscheiben genutzt,
wie deutlich erkennbar ist. Dazu kommt ein Trabant-Sitz für den
Steuermann. Die gesamte Konstruktion trägt den passenden Namen
„Trabitanic".

Während die Aufbauten aus der typischen Trabi-Plaste bestehen,
wurde der flache Bootskörper aus Stahlblech gefertigt. Und: Die
Erfindung haben sich quasi ein Ossi und ein Wessi geteilt. Wolf kam
1992 aus Köln in den Osten, nach Wittstock im Land Brandenburg,
unweit der Landesgrenze zu Mecklenburg-Vorpommern. Der heute
60-Jährige ist gelernter Kfz-Mechaniker und somit in die Geheim-
nisse und Fertigkeiten des Fahrzeughandwerks eingeweiht. Bei
einer Fahrt übers Land entdeckte er in einem Dorf bei Kyritz einen
Stahlrumpf ohne Aufbauten. Er kam mit dem Märker ins Gespräch.
Der wollte eigentlich ein Boot bauen, sei aber nach der Wende nicht
mehr weitergekommen. Ohnehin wollte der Mann lieber einen

Schwimmfähig: Hans-Horst Wolf (links) lässt zusammen mit Freunden die „Trabitanic" zu Wasser. Sogar über die Müritz ist er mit dem außergewöhnlichen Gefährt geschippert.

Angelkahn. Ost- und Westbürger kamen ins Geschäft. Wolf übernahm den Rumpf, der die Basis der späteren „Trabitanic" bilden sollte.

Als der Stahlkörper auf seinem Grundstück stand, kam ihm die entscheidende Idee. Vorher war sein Blick auf zwei Trabant Kombi in seinem Besitz gefallen, die ihre besten Jahre längst hinter sich hatten. „Die waren fertig und fuhren nicht mehr." Aber als Aufbauten für seinen Bootsrumpf wären sie doch sicherlich noch zu gebrauchen. Gesagt getan. Wolf fing mit dem unteren Aufbau an: Dach abgesägt, Fenster gesichert und angeschweißt. Von unten verstärkte er das Dach und versah es mit einer Reling. „Da drauf kann man sich jetzt sonnen, ohne einzubrechen." Sogar an den alten Trabant-Scheibenwischer hat er gedacht. „Der funktioniert natürlich auch", sagt Wolf. Anfangs hatte er den zweiten, hinteren Aufbau nicht geplant. Doch als Steuermann wollte er auf seinem Trabisitz natürlich nicht im Regen hocken. So kürzte Wolf das zweite Dach ein. Fertig war der Trabi-Kommandostand. Der Zweitakt-Motor des Trabis wäre allerdings ungeeignet gewesen, das Fahrzeug im Wasser auf Geschwindigkeit zu bringen. Aber auch hier wusste sich Wolf zu helfen: In einer Kaserne des von den sowjetischen Luftstreitkräften genutzten Flugplatzes Alt Daber bei Wittstock entdeckte er einen Außenborder „Made in UdSSR". Typ: „Wichr-30 P". Das Aggregat war nagelneu und sogar noch in Ölpapier verpackt.

Der robuste Motor sorgte für die entsprechende Geschwindigkeit. Mit seinem außergewöhnlichen Wasserfahrzeug war Wolf auch auf der Müritz unterwegs. Trotz des flachen Rumpfes habe das Boot gut im Wasser gelegen. Nur bei starkem Wellengang sei es schwierig geworden. Und wenn das Boot auf Sand anlandete. „Dann brauchte es schon mal etliche Männer, um es zu bugsieren", erinnert sich Wolf.

Irgendwann überließ er die „Trabitanic" dem Museum in Rechlin – anfangs auf Leihbasis. Später erwarb das Museum das kleine Schiff. Dort ist es längst zum Hingucker geworden. Allerdings nagte über die Jahre der Zahn der Zeit an dem Boot: Die Innenverkleidung aus Sperrholz war zerschlissen, die Außenhaut marode, so dass Regenwasser ins Innere dringen konnte. Museumsmitarbeiter restaurierten das Ausstellungsstück, das seit 2014 generalüberholt präsentiert werden kann.

❀ Kennst du den? ❀

Warum war das Toilettenpapier in der DDR zweilagig?
Weil ein Durchschlag immer nach Moskau ging.

Als Ende der 80er Jahre die Preußen in der DDR hoffähig wurden und Unter den Linden in Berlin das Reiterstandbild von Friedrich, dem Großen wieder aufgestellt wurde, erfanden die Berliner folgenden Spruch:
„Lieber Friedrich, steig herab, bring die DDR auf Trab.
Lass in diesen bösen Zeiten, unsern Erich oben reiten!"

Was ist der Unterschied zwischen dem Sozialismus und einem Orgasmus? Im Sozialismus stöhnt man länger.

Anfrage an den Sender Jerewan: An welchem Tag genau starb Josef Stalin? Antwort: Man weiß es nicht genau, aber es war auf jeden Fall ein Feiertag.

Wahnsinn! 55 000 Kilometer mit dem Trabant ohne Auspuff unterwegs

Heute spricht alle Welt von Elektro-Autos. Dieter Schulze, ein Chemiker aus Dresden, hat schon in den 70er-Jahren praktische Erfahrungen mit einem E-Trabant gesammelt.

Zwei Redakteure des DDR-Magazins „Motor und Technik" staunten 1974 nicht schlecht, als sie an einer Kreuzung in Dresden neben einem Trabant standen. Das Auto war nicht zu hören. Und auch der typische Geruch der Abgase des Zweitakters fehlte. Was war das denn, fragten sich die Reporter. Schnell stellte sich heraus: Es handelte sich um einen Trabi mit Elektroantrieb, einen „Trabant ohne Auspuff". So lautete dann auch die Überschrift über dem Beitrag, den das Magazin dem rätselhaften Trabant und seinem Erbauer widmete. Dieter Schulze (82) heißt der Mann, der

Dieter Schulze kann sich zurecht als Elektro-Auto-Pionier bezeichnen.

den E-Trabi konstruierte und baute. Er arbeitete als Chemiker an der Hochschule für Verkehrswesen in Dresden (HfV) und hatte sich mit Kollegen Ende der 1960er-Jahre in den Kopf gesetzt, ein umweltfreundliches Auto zu bauen – auf der Basis des Trabant-Modells P601. Das Vorbild in Sachen Elektromobilität hatte Dieter Schulze täglich vor Augen. In Dresden war die Post bis in die 60er-Jahre hinein mit Elektroautos unterwegs. Allerdings kam es immer wieder zu Mängeln bei der Instandhaltung sowie bei der Ersatzteilbeschaffung, erinnert sich Schulze. Hinzu kam eine Industriepreisreform in der DDR, die dazu führte, dass die Batterien doppelt so teurer wurden. Die Post legte ihre Elektro-Autos still, weil sie nicht mehr rentabel waren.

Zur gleichen Zeit wurde in Westeuropa von Fortschritten bei Elektro-Autos berichtet, erinnert sich Schulze. „So wollten auch wir den Versuch wagen, einen Trabant elektrisch anzutreiben." Die abgewrackten Elektroautos der Post lieferten erstes Material für die Trabant-Umrüstung. Das war aber noch der leichtere Teil der Übung. Eines der größten Probleme bestand in der Beschaffung geeigneter Batterien. Weitere Schwierigkeiten kamen hinzu: Ein Trabant zum Umbau war natürlich nicht vorhanden. Mehr als zehn Jahre betrug die Wartezeit auf das kleine Auto aus Duroplast schon damals – Tendenz nach oben. Auch gebrauchte Trabis waren nicht zu bekommen beziehungsweise schier unerschwinglich. Zudem kostete der Trabant aus zweiter Hand deutlich mehr als ein neuer. „Uns blieb nur der Weg über eine Aufbaugenehmigung aus Einzelteilen", sagte Schulze. Leichter gedacht als getan, denn auch Ersatzteile waren knapp und deshalb rationiert.

Lange kämpfte Schulze. Viele Briefe musste er schreiben, viel Überzeugungsarbeit leisten, ehe er 1968 endlich die Aufbaugenehmigung für den Bau eines E-Trabants von der Bezirksdirektion für Kraftverkehr erhielt. Doch die Verantwortlichen blieben misstrauisch gegenüber dem E-Auto-Pionier Dieter Schulze. Ihm wurden mit der Aufbaugenehmigung für den Trabant „ohne Verbrennungsmotor jedoch mit elektrischem Antrieb" etliche Auflagen aufgebrummt: „Es wird weder heute noch in Zukunft die Genehmigung zur Komplettierung dieses Versuchsfahrzeuges gegeben" werden, heißt es in

Dieter Schulze mit seinem zweiten Elektro-Trabi samt Soldardach, mit dem er ab 1994 in Dresden und Umgebung unterwegs war.

dem Papier, das sich noch heute in Schulzes Unterlagen befindet. Mit „Komplettierung" war der Einbau eines Benzinmotors gemeint. Die Wirtschaftsfunktionäre mutmaßten offensichtlich, dass die E-Auto-Bauer scheitern könnten und irgendwann auf den Zweitakt-motor umschwenken würden.

Mit der Kontrolle der Auflagen wurde die Volkspolizei beauftragt. Das VPKA (Volkspolizeikreisamt) Dresden habe zudem in den Kfz-Brief einzutragen: „Versuchsfahrzeug, Entwicklung eines Pkw mit elektrischem Antrieb, ohne Verbrennungsmotor." Bei einem eventuellen Verkauf musste der Wagen an den VEB Maschinen- und Materialreserven Dresden veräußert werden.

Endlich, am 15. Januar 1970, wurde die Straßenzulassung erteilt. Der E-Trabant mit dem Kennzeichen RX 53-79 hatte allerdings nur die zwei Sitze vorne zu bieten. Auf die hintere Sitzbank kamen die gewaltigen Akkus. Das Fahrzeug brachte 800 Kilogramm auf die Waage. Allein die schweren Bleiakkus wogen 240 Kilogramm. Zwei Gleichstrommotoren mit je 1,8 Kilowatt Leistung trieben den Trabi auf eine Höchstgeschwindigkeit von 40 Kilometer pro Stunde. „1970 mit dem Elektro-Auto durch Dresden zu fahren, war keineswegs ein Triumph grüner Gesinnung. Vor allem ging es um Ökonomie", so Schulze. Für ihn stand von vornherein fest, dass er seinen E-Trabi ausschließlich für die Fahrten zur Arbeit nutzen wollte.

Doch mit der Erteilung der Straßenzulassung war Schulzes Kampf mit den Institutionen noch nicht vorbei. Nach der Bezirksdirektion für Kraftverkehr in Dresden bereitete ihm auch das Ministerium für Finanzen, Abteilung Steuern und Abgaben, Probleme. Der Grund: Das Ministerium veranschlagte für den E-Trabi den gleichen Kraft-fahrzeugsteuersatz wie für den Trabi mit Zweitakt-Motor – 108 Mark pro Jahr. Doch Schulze ließ sich nicht unterkriegen. Als Argument für eine niedrigere Steuer führte er in einem Brief vom Juni 1971 die mit fünf Pferdestärken deutlich geringere Motorleistung sowie die niedrigere Nutzlast an. Und: „Bedauerlicherweise ist … an keiner Stelle zu erkennen, daß bei der Steuerfestsetzung die Bedeutung ab-gasfreier und lärmarmer Versuchsfahrzeuge für die Durchsetzung des Landeskulturgesetzes beachtet wurde und die Entwicklung und der Betrieb solcher Versuchsfahrzeuge von seiten des Ministeriums für Finanzen unterstützt wird." Schulze hatte mit seiner Beharrlich-keit Erfolg. Die Kfz-Steuer wurde vom Finanzministerium auf die Hälfte des normalen Satzes, also auf 54 Mark pro Jahr gesenkt.

Sein Ziel: Die rund 13 Kilometer lange Strecke zwischen seiner Wohnung und der Hochschule für Verkehr wollte er schneller als mit der Straßenbahn und billiger als mit einem Zweitakt-Trabant

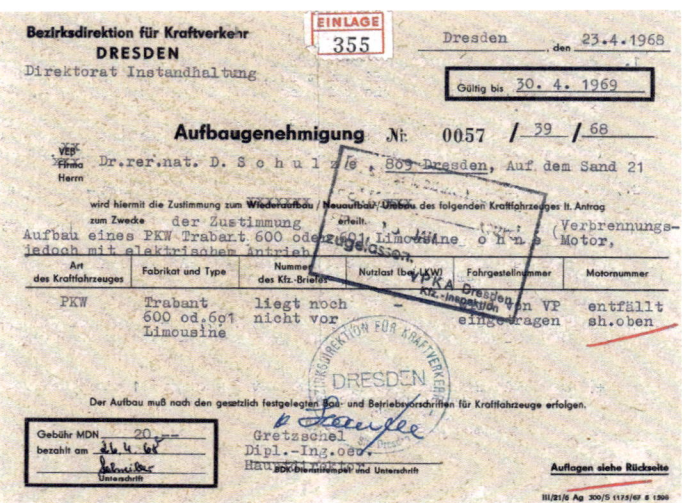

Dr. Dieter Schulze a 10 000 km-t futott Trabant-elektromobil mellett

Nach langem Kampf bekam Dieter Schulze endlich die Genehmigung. Sogar ein ungarisches Magazin schrieb über den E-Trabi.

bewältigen. Neben der Streckenlänge musste er bei seinen Berechnungen auch einen Höhenunterschied von 100 Metern einbeziehen. „Im Ergebnis sparte ich 50 Prozent Fahrzeit gegenüber der Straßenbahn und bezahlte durchschnittlich 2,20 Mark pro 100 Kilometer für Strom", hat Schulze errechnet. In der Regel lud er seinen Trabi an einer speziellen Ladestation zu Hause während der Nachtstunden wieder auf. Für Notfälle hatte Schulze aber auch einen Gleichrichter in den Pkw eingebaut, der über einen regelbaren Transformator an jede normale Steckdose hätte angeschlossen werden können.

Der RX 53-79 war über 22 Jahre unterwegs und schaffte 55 000 Kilometer. Er sorgte seinerzeit in der gesamten DDR-Presse für Schlagzeilen. 1993 musste das Auto wegen Karosseriedurchrostung abgemeldet werden. Auch wenn im geeinten Deutschland das Problem der Versorgung mit Autos erledigt war, ließ Schulze der E-Auto-Virus nicht mehr los. Erneut setzte er dabei auf einen Trabant. Am 7. Februar 1994 hielt er die Zulassung für seinen neuen E-Trabi in der Hand. Der Clou: Der Dresdner hatte das Fahrzeug mit einem Solardach ausgerüstet, so dass die Batterien permanent nachgeladen werden konnten, wenn die Sonne schien. Beim Aufbau des neuen E-Trabis musste er strengere Richtlinien erfüllen als in der DDR. „Dafür gab es alles, was das Herz begehrte", sagt Schulze. In der Spitze schaffte der neue E-Trabi 50 Kilometer pro Stunde bei bis zu 30 Kilometer Reichweite. Bis 2013 fuhr der E-Auto-Pionier Dieter Schulze mit seinem E-Trabi durch Dresden. Dann gab er den Wagen aus Altersgründen ab.

Dieter Schulze kann mit Fug und Recht sagen, dass seine spektakuläre Leidenschaft in Dresden auf fruchtbaren Boden gefallen ist. Die Citysax Mobility GmbH in Dresden, die auf Elektro-Autos setzt, bietet auch das Umrüsten von Trabants auf E-Antrieb an.

Ein knallgelber Trabant
steht auf Usedom unter Strom

Von wegen stinkender Trabant! Es geht auch anders, dachten sich Frank Haney und seine Frau. Sie kauften sich 2009 einen Trabi und bauten ihn zum Elektroauto um. Das Gefährt fuhr prima. Leider nur ein einziges Mal.

Frank Haney kann sich noch gut an das verdutzte Gesicht erinnern. Der Mann stand an einem Tag im Herbst 2010 an der Dorfstraße von Morgenitz auf der Insel Usedom. Ein Trabant kam auf ihn zugefahren: Kombi. Knallig gelb. Und vor allem leise. Ungläubig habe der Mann ihn hinterm Lenkrad angeschaut, sagt Haney. Einige Grundsatzfragen dürften dem Morgenitzer wohl durch den Kopf gegangen sein: Wo sind die Abgaswolken, die jede Rennpappe hinter sich herzieht? Wieso ist der typische Trabi-Geruch nicht zu riechen? Und schließlich: Wo ist der unverwechselbare Klang des rasselnden Zweitakt-Motors geblieben?

Der Morgenitzer konnte nicht ahnen, dass er quasi Augenzeuge einer automobil-historischen Sensation war: Er sah einen Elektro-Trabant auf sich zurollen. Der E-Trabi wendete und fuhr die Dorfstraße zurück. Das war's dann aber leider auch schon mit der Fahr-Geschichte des Morgenitzer Elektro-Trabanten. Frank Haney schmunzelt. Er würde jetzt sicher nicht von einer „automobil-historischen Sensation" sprechen, auch wenn bis heute nur sehr wenige der insgesamt drei Millionen Trabis auf einen Elektro-Antrieb umgerüstet wurden. Der Dresdner E-Auto-Enthusiast Dieter Schulze hatte vor und nach der Wende zwei Exemplare umgerüstet und war damit insgesamt mehr als 60 000 Kilometer unterwegs (siehe voriges Kapitel). Das Schweriner Autohaus Busse fing vor einigen

Jahren damit an, neue Elektro-Motoren samt Batterien in alte Trabis einzubauen. Angesichts dieser E-Bilanz kann Haney durchaus als einer der wenigen Elektroauto-Pioniere bezeichnet werden.

2009/10 hatte der aus Berlin stammende junge Mann sein Physikstudium beendet. Zusammen mit seiner Frau, die von der Insel Usedom stammt, grübelte er über die gemeinsame berufliche Zukunft. Das Thema Erneuerbare Energien und Elektromobilität sollte es sein. Kurzerhand erwarb das Paar 2009 einen günstigen, gebrauchten Trabi: Baujahr 1990, Zweitakt-Motor und gerade mal 8500 Kilometer auf dem Tacho.

Nach einigen Recherchen zu dem Projekt war Haney auf interessante Details zur Geschichte der Elektro-Mobilität in der DDR gestoßen. Erkenntnisse, die er zum großen Teil auch dem Erfahrungsschatz von Dieter Schulze verdankte. Das ist mein Mann, dachte sich Haney und nahm Kontakt mit Dieter Schulze auf. Der kam auch vorbei zum Erfahrungsaustausch auf Usedom. Er überließ Haney einen Schaltplan und zahlreiche wertvolle Hinweise. Mit Hans-Jürgen Geist aus Morgenitz konnte er zudem einen Praktiker und Tüftler für sein Projekt E-Trabi gewinnen. Geist hatte jahrelang als Schiffselektroniker auf der Wolgaster Peenewerft gearbeitet.

Fest stand von vornherein, dass der Trabi mit 24 in Reihe geschalteten, leistungsstarken Lithium-Batterien bestückt werden sollte. Die aus Tschechien importierten Akkus kosteten immerhin 5000 Euro, die mit Abstand kostspieligste Investition der Bastler aus Morgenitz. Die Batterien sollten das Gefährt mit einem Gleichstrommotor auf immerhin 70 Kilometer pro Stunde beschleunigen. Haney plante mit einer Reichweite von 60 Kilometern. Im Gegensatz zu heutigen E-Autos, die in der Regel mit einem Automatik-Getriebe

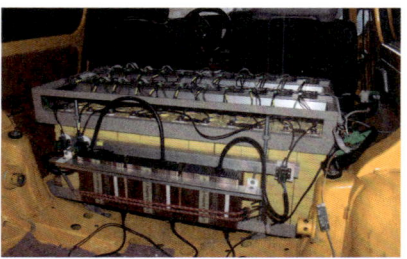

Frank Haney und sein gelber E-Trabi. Er hat den Flitzer dem Zweiradmuseum in Dargen auf Usedom überlassen. Hans-Jürgen Geist
(links unten) brachte als Schiffselektroniker viel Wissen und Können
bei der Umrüstung des Trabis ein.

versehen sind, verbanden Haney und Geist den Elektromotor mit dem herkömmlichen Trabi-Getriebe, sodass der Fahrer weiter schalten musste.

Von Anfang an habe es allerdings Schwierigkeiten mit dem Lademanagement der Lithium-Batterien gegeben. Als Haney 2013 ein neues Steuerteil erworben hatte, schien das Problem gelöst. Doch nachdem der Trabi ein viertel Jahr stand und Haney dann weiter am E-Trabi basteln wollte, kam der Schock. Aufgrund eines nicht korrekt funktionierenden Relais waren die teuren Batterien tiefenentladen. „Sie waren hinüber, nicht mehr aufladbar", erinnert sich Haney. Die Neuanschaffung wäre viel zu teuer gewesen. Er vermachte den gelben Blitz von Morgenitz dem Zweiradmuseum von Dargen auf Usedom. Zusammen mit Geist ist er wohl auf mehr als 1000 Stunden Arbeit am E-Trabi gekommen. Auch wenn es letztlich bei der einen, bestaunten Probefahrt durch Morgenitz geblieben ist, bereut Haney den Aufwand nicht. Er ist stolz darauf, bewiesen zu haben, dass ein Trabi auch mit Elektromotor funktionieren kann. Wenn sie als Laien in Sachen E-Mobilität einen Trabanten zum Laufen gebracht hätten, könne es doch nicht sein, dass die Auto-Industrie das nicht hinbekomme.

✽ Kennst du den? ✽

Ein Trabi bleibt auf einer sechsspurigen Kreuzung in New York stehen. Der Fahrer steigt aus, sieht in den Motorraum. Plötzlich schalten sich rundum Lautsprecher ein: „Der Mann mit dem Rucksack bitte sofort die Kreuzung verlassen!"

Der Trabi lebt –
Fans und ihre Schmuckstücke

1957 lief der erste Trabant vom Band, 1991 der letzte. Doch der Trabi lebt. Bei den jährlichen Trabitreffen in Anklam und anderen Orten sind viele außergewöhnliche Exemplare zu bewundern.

Sven Leonardt kommt – natürlich – aus Zwickau. Er besitzt einen wunderbaren P50, der dank eines Golfmotors 100 PS leistet. Das reicht locker für das „Dübener Ei", einen originalen DDR-Wohnwagen.

Das Cabrio

Dieses wunderbare Trabi-Cabriolet von Fritz Güldenstein aus Hardenbeck (Uckermark) lief einst in Prenzlau als Fahrschulwagen der Gesellschaft für Sport und Technik (GST).

Der Transporter

Dass der Trabant auch als Transporter funktionieren kann, beweisen die Zweitakthelden aus Dresden. Die Bastler haben den Trabanten hinten mit einer Doppelachse versehen.

Der Lange

Der Trabi als Stretchlimousine: Der Stralsunder Ralf Meier hat für seinen ultralangen Trabant drei Fahrzeuge verbaut. Mit dem 5,60 Meter langen Gefährt kann er ganze Damen- oder Herrenclubs bewegen. Und das alles mit dem 26-PS-Originalmotor.

Die Zapfanlage

Dank dieses Trabis kann man sich die Fahrt zur Kneipe sparen. Mandy und Stefan Dreblow aus Löcknitz besitzen ein Lokal. In ihren rollenden Bierstand passen zwei Fässer, insgesamt 100 Liter.

Der Roller

Falls dieser alte Trabi doch mal nicht weiter kommt, kann der Besitzer auf eine Alternative zurückgreifen. Der Roller ist allerdings noch langsamer als der Trabant.

❀ Kennst du den? ❀

Ein junger Mann geht zusammen mit seiner Frau zum IFA-Geschäft und bestellt seinen Trabant. Der Verkäufer sagt zu ihm: „In 14 Jahren können Sie wiederkommen." - „Ist gut, danke", sagt der Mann. Als er mit seiner Frau draußen ist, meint er, er habe noch was vergessen und rennt wieder in den Laden. „Ja, Sie wünschen noch", sagt der Verkäufer. „Ich habe vergessen zu fragen, ob ich vormittags oder nachmittags kommen soll."

Der Schlaftrabi

Wer seinen Trabi liebt, der schläft auf dem Dach im Zelt (oben).
Marina und Reinhard Tröstler aus Biesenthal (Land Brandenburg)
besitzen die komplette Campingausrüstung der DDR.

Der Flitzer

Voll getunt. Dieser Trabant hat das Zeug zum Flitzer. Eine echte „Rennpappe" eben.

Das Kraftpaket

Steffen Döllitsch (Sachsen-Anhalt) hat seinem Trabi eine schnittige Karosserie und einen neuen Motor verpasst. Das Aggregat bringt es auf 85 PS und 200 km/h. Schneller als die Volkspolizei erlaubt!

Das Original

Reinhard Fraenkel aus Plate bei Schwerin liebt seinen P50. Er hegt und pflegt ihn wie seinen originalen Wohnwagen „Heimstolz", der so hoch wie lang ist – zwei Meter. 2014 belegte er mit dem P50 den 1. Platz bei der Top-Trabi-Wahl des Anklamer Trabi-Buggy-Clubs.

Tatü-Tata

Tatütata – der Feuerwehr-Trabi ist da! Roland Köppe präsentiert das feuerrote Schmuckstück der Feuerwehr Mechow (Feldberger Seenlandschaft). Mehr als 420 Arbeitsstunden haben die Floriansjünger in ihren einzigartigen Trabant gesteckt.

Dialog zwischen Studentin und Professor

Meine gute Freundin Simone schilderte mir einmal einen Dialog, den sie in den 1980er Jahren mit ihrem damaligen Betreuer für die Diplomarbeit, Professor Mayer, geführt hatte. Er war glücklicher Besitzer eines Wartburgs W 353. Das Gespräch gab es tatsächlich. Die Namen sind geändert:

„Simone, Sie wohnen doch in Rostock, oder?"

„Ja, Herr Professor Mayer. Wieso?"

„In Rostock gibt es doch diesen großen Kraftfahrzeugladen, wo es auch Kfz-Teile zu kaufen gibt." „Stimmt, mein Vater erzählt aber, dass die Regale meistens ziemlich leer sind."

„Wäre es möglich, dass Sie, wenn Sie nach Hause fahren, dort immer mal wieder reinschauen?"

„Aber ich habe doch gar kein Auto."

„Ja, liebe Simone, aber vielleicht könnten Sie für mich mal nach Kotflügeln für den Wartburg 353 fragen."

„Kotflügel? Hatten Sie denn einen Unfall?"

„Nein, aber man weiß ja nie."

„Rechts oder links?"

„Am besten beide Seiten. Man weiß ja nie."

Seitdem geht mir ein Bild nicht aus dem Sinn: Simone hält links und rechts jeweils einen sperrigen Kotflügel unter einem Arm und versucht damit, am Bahnhof Rostock in den Zug zu steigen. Zum Glück gab es niemals Kotflügel!

Heute wie damals – die Extras kommen den Autokäufer teuer zu stehen

10 615 Mark kostete 1987 der Trabant in der Grundausstattung, wie die Rechnung zeigt, die im Zweiradmuseum Dargen zu finden ist. Das Dokument beweist, dass auch zu DDR-Zeiten Sonderausstattungen für erhebliche Mehrkosten sorgen konnten. Für die Sicherheitsgurte, die heute zum Standard gehörten, mussten 388 Mark zusätzlich bezahlt werden. Der Hycomat war eine automatische, elektro-hydraulische Kupplungsbetätigung im Trabant P601 H und gedacht für Menschen mit Gehbehinderung.

Das lange Warten auf Trabi & Co.

Die Anmeldung für den Pkw mit 18 Jahren gehörte zum Leben junger Menschen in der DDR einfach dazu. Das war eine Pflicht. Schließlich war die Wartezeit immens. Zwischen 12 und 17 Jahren, hat der Historiker Stefan Wolle recherchiert. Die kürzeste Wartezeit für den Trabi habe zwölfeinhalb Jahre betragen, die längste 14 Jahre. Beim Wartburg musste der gemeine DDR-Bürger zwei Jahre mehr einplanen, noch mehr für den Wartburg Tourist (Kombi). Bis zu 17 Jahre brauchte es beim als luxuriös geltenden Lada von der Bestellung bis zur Lieferung. Kein Wunder, dass sich viele Bestellungen erst mit der Wende überlebt hatten.

Ab und an ging es auch mal schneller. Wenn dann das Geld noch nicht angespart war für das Auto, blieb einem immer noch die Möglichkeit, seine Auto-Anmeldung zu verkaufen. 2000 Mark für eine kurz vor der Einlösung stehende Anmeldung waren die übliche Summe. Wolle ruft sogar Preise von bis zu 10 000 Mark auf, von denen ein Teil in D-Mark bezahlt werden musste.

Angesichts der äußerst knappen Ware Auto florierte der Gebrauchtwagenmarkt. Das typische Phänomen: Gebrauchte waren deutlich teurer als Neuwagen: „Üblich war es, den doppelten Neupreis abzüglich 1000 Mark pro Jahr seit Herstellung zu zahlen", schreibt Stefan Wolle.

War man in der DDR endlich glücklicher Autobesitzer, hatten sich die Probleme längst noch nicht erledigt. Auch Ersatzteile für Trabi & Co. waren äußerst rar. So konnte es passieren, dass man monatelang auf einen Werkstatttermin warten musste. Oft rieten einem die Mechaniker, das entsprechende Ersatzteil selbst zu beschaffen, was wiederum oft nur mittels aufwändiger Tauschgeschäfte möglich

war. Auch bei diesem Problem konnte die eine oder andere Westmark durchaus hilfreich sein – so vorhanden. Um sich die Werkstatt
„warm" zu halten, war ein Trinkgeld, wie bei anderen Handwerkern auch, obligatorisch. Üblich waren 20 Mark. Viele Pkw-Besitzer
horteten wertvolle Ersatzteile in der Garage. Man konnte ja nie wissen, was passiert.

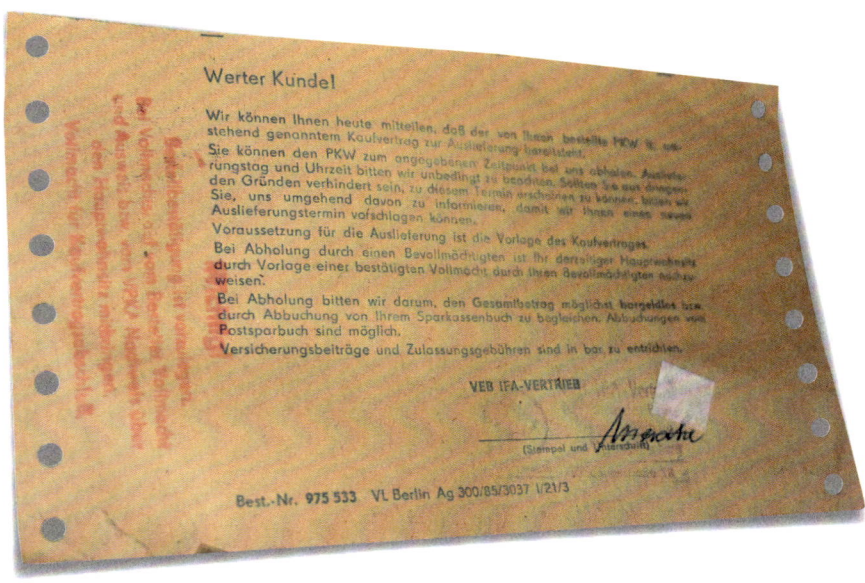

Werter Kunde!

Wir können Ihnen heute mitteilen, daß der von Ihnen bestellte PKW zu nachstehend genanntem Kaufvertrag zur Auslieferung bereitsteht.

Sie können den PKW zum angegebenen Zeitpunkt bei uns abholen. Auslieferungstag und Uhrzeit bitten wir unbedingt zu beachten. Sollten Sie aus dringenden Gründen verhindert sein, zu diesem Termin erscheinen zu können, bitten wir Sie, uns umgehend davon zu informieren, damit wir Ihnen einen neuen Auslieferungstermin vorschlagen können.

Voraussetzung für die Auslieferung ist die Vorlage des Kaufvertrages.

Bei Abholung durch einen Bevollmächtigten ist Ihr derzeitiger Hauptwohnsitz durch Vorlage einer bestätigten Vollmacht durch Ihren Bevollmächtigten nachzuweisen.

Bei Abholung bitten wir darum, den Gesamtbetrag möglichst bargeldlos bzw. durch Abbuchung von Ihrem Sparkassenbuch zu begleichen. Abbuchungen vom Postsparbuch sind möglich.

Versicherungsbeiträge und Zulassungsgebühren sind in bar zu entrichten.

VEB IFA-VERTRIEB

(Stempel und Unterschrift)

Best.-Nr. 975 533   VL Berlin Ag 300/85/3037 1/21/3

VEB IFA-Vertrieb
PKW-Bestellbestätigung

Stempel VKB

Vom VKB ausfüllen   Serien-Nr.:

| 2 0 | 3 1 3 1 | 0 3 | 1 2 1 0 8 8 | 0 7 1 6 0 7 | 0 2 0 |

Satzart   VKB   Bezirk   Bestelldatum   Registrier-Nr.   Typ

Vom Besteller links beginnend ausfüllen   Typ: TRABANT KOMBI

2 4 0 7 6 9   4   0 3 2 2   8
Personenkennzahl   *

Name

D I R K
Vorname

2 0 3 1   T E U S I N
PLZ   Wohnort

D O R F S T R A S S E
Straße

3 9
Hausnummer   Unterschrift Besteller   Verkäufer

Nur gültig mit Stempel und Unterschrift des Verkäufers

Das neue RGW-Auto
hatte keine Chance

November 1957 wurden die ersten Trabant P50 in Zwickau gebaut.
Winfried Sonntag war dabei. Die Leidenschaft für Autos hat ihn nie
losgelassen, auch wenn er etliche Niederlagen hat einstecken müssen.

Es gibt Tage im Leben, die vergisst ein Mensch nicht. Schöne Tage und schlimme Tage. Winfried Sonntag hatte erwartet, dass der 3. April 1973 einer der schönsten Tage seines Lebens wird. Sonntag war seit 1968 Generaldirektor der Vereinigung der Volkseigenen Betriebe (VVB) Automobilbau Zwickau und damit einer der „Bosse" der DDR-Automobilindustrie.

Der 1924 in Zwickau geborene und bis heute dort lebende Sonntag hat sich von der Pike auf hochgedient: 1938 absolviert er in seiner Heimatstadt eine Lehre als Werkzeugmacher bei Horch. Es schließen sich vier Semester an der Ingenieurschule für Luftfahrttechnik in Thorn (heute Torun, Polen) an, ehe er 1943 zur Luftwaffe eingezogen wird. Nach Kriegsdienst und Gefangenschaft steigt er wieder bei Horch ein, als Konstrukteur. Später ist er als Versuchsingenieur maßgeblich an der Entwicklung des ersten Trabant, des P50 beteiligt. Anfang November 1957 wurde eine erste Serie von 50 Autos hergestellt. Im Sommer 1958 startete die Serienproduktion.

Nach der Zusammenlegung der Werke von Horch und Audio in Zwickau 1958 wird er, gerade mal 34 Jahre alt, Direktor für Technik beim VEB Sachsenring Zwickau. Seine Entwickler tüfteln immer wieder an neuen Pkw, um endlich das Auto-Problem in der DDR zu lösen. Alleine ist die DDR nicht in der Lage, Entwicklung und Bau eines neuen Autos zu stemmen. Vor allem, weil ein moderner

Das RGW-Auto P760 (oben) wurde Anfang der 70er Jahre als Gemeinschaftsprojekt entwickelt: von Skoda, Trabant und Wartburg. 1973 wurde das Auto vom Politbüro gestoppt. Der Trabant P603 war Ende der 60er Jahre als Nachfolger des Trabant P601 vorgesehen. SED-Wirtschaftslenker Günter Mittag verhinderte das Projekt.

Motor in der Pkw-Palette fehlt. Trabant und Wartburg sind bis weit in die 80er-Jahre hinein mit Zweitakt-Motoren unterwegs, die als veraltet galten. Deshalb holt man die Skoda-Autobauer mit ins Boot. Die DDR und ČSSR sind somit federführend bei dem Projekt RGW-Auto, wobei RGW für Rat der Gegenseitigen Wirtschaftshilfe, eine Wirtschaftsvereinigung der Ostblock-Staaten, stand.

„Die Tschechen, die bei Skoda bereits Viertakter bauten, sollten den Motor liefern. Wir hätten dafür Gelenkwellen, Getriebe und Lenkung für die Tschechen hergestellt", sagt Sonntag. Jedes Land, DDR und ČSSR, wollte pro Jahr 300 000 Autos produzieren. Zum Vergleich: Vom Trabant laufen Anfang der 70er-Jahre jährlich rund 100 000 Stück vom Band.

Die Ingenieure an der Basis haben sich in der Regel schnell über Streitpunkte verständigt. Sogar über die Lage des Motors im Auto. Während die Experten aus der DDR den Frontantrieb favorisieren, bestehen die Skoda-Bauer auf den Heckantrieb. Wer seinerzeit Skoda gefahren ist, kann sich gut erinnern, dass die Tschechen den Antrieb damals im Kofferraum „versteckt" hatten. Für das RGW-Auto einigt man sich schließlich auf den Frontantrieb.

Fieberhaft arbeiten die Entwickler von Skoda, Wartburg und Sachsenring auf den 3. April 1973 hin. Mehrere Prototypen des P760 werden nach Berlin geschafft, in die Tiefgarage des SED-Zentralkomitees. Einige Stockwerke darüber soll das SED-Politbüro, der Führungszirkel um Erich Honecker, über das neue Auto abstimmen. Der Titel der Vorlage: „Konzeption zur weiteren Entwicklung der Pkw-Produktion in der DDR". Der Chef des Ministerrats, Willi Stoph, hatte bereits sein Okay gegeben. Die Sterne für Sonntag scheinen günstig zu stehen. Die jahrelange Arbeit sollte sich lohnen, so hofft der Trabant-Manager.

Ehe es an die Abstimmung im höchsten SED-Gremium geht, unternimmt die auserlesene Schar der Politbüro-Mitglieder eine Probefahrt mit dem P760. Sonntag erinnert sich gut daran, wie er nach der Testfahrt mit Honecker Richtung Sitzungszimmer ging: „Honecker in der Mitte, der Chef der Plankommission Gerhard Schürer links, ich rechts." Der SED-Chef ist zufrieden. „Alles klar, Gerhard", fragt Honecker Schürer auf dem Weg. „Alles klar", antwortet dieser. Davon geht natürlich auch Sonntag aus.

Doch in der Sitzung grätscht Günter Mittag rein, der den teuren Autobau ohnehin seit längerem auf dem Kieker hatte. Mittag ist ebenfalls Mitglied des SED-Politbüros und gilt als allmächtiger Wirtschaftslenker. Bereits 1966 hatte er eine Trabi-Innovation gestoppt, den P603. Neun Prototypen hatten Sonntags Ingenieure über mehrere Monate hinweg gebaut – mit einem neuartigen Fließheck. Er ließ die Autos bei einer Tagung der SED in Karl-Marx-Stadt (heute Chemnitz) vorfahren, um sie vorzuführen. Doch Mittag „wies an, die Autos sofort wieder nach Zwickau zu bringen", sagt Sonntag. Wenige Tage später wurde Winfried Sonntag angewiesen, sämtliche Unterlagen zu vernichten.

Bei der Politbürositzung im April 1973 kritisiert Mittag die viel zu hohen Investitionskosten von mehr als 4,5 Milliarden Mark. Für den Rest der DDR-Volkswirtschaft bliebe nicht mehr viel übrig. Erich Honecker fügt sich. Das ist der Todesstoß für den P760, auch wenn bis 1979 weitere Forschungen laufen.

Erst die Kooperation mit Volkswagen Ende der 1980er-Jahre bringt dank der modernen VW-Viertakt-Motoren einen Schub für die veraltete DDR-Fahrzeugtechnik. Als dann endlich 1987 in Karl-Marx-Stadt die ersten VW-Motoren vom Band laufen, ist es längst zu spät. 1991 kommt das Aus für den Trabi.

Sonntag bleibt die Genugtuung, dass der Trabant längst Kult ist – gerade auch bei vielen jungen Menschen. „Das freut mich natürlich!" Nach wie vor beobachtet er die Entwicklung im Autobau mit Interesse. Damals wie heute zeige sich: „Wenn Politiker über die technische Entwicklung entscheiden sollen, geht das in die Hose." Angesichts der Batterieprobleme helfe es nicht, allein auf das Elektroauto zu setzen. Alternative Antriebe mit Brennstoffzellen oder Wasserstoff sollten nicht aus den Augen verloren werden. Und: „Der Diesel wird zu schnell abgeschrieben." Er, so Sonntag, hätte sich beim Thema Zukunft, auch von „Frau Merkel, die doch Physikerin ist, mehr analytisches Arbeiten gewünscht".

Winfried Sonntag, Vater des Trabants. Er ist 1924 in Zwickau geboren und hat sein gesamtes Leben in der Trabant-Stadt gewohnt.

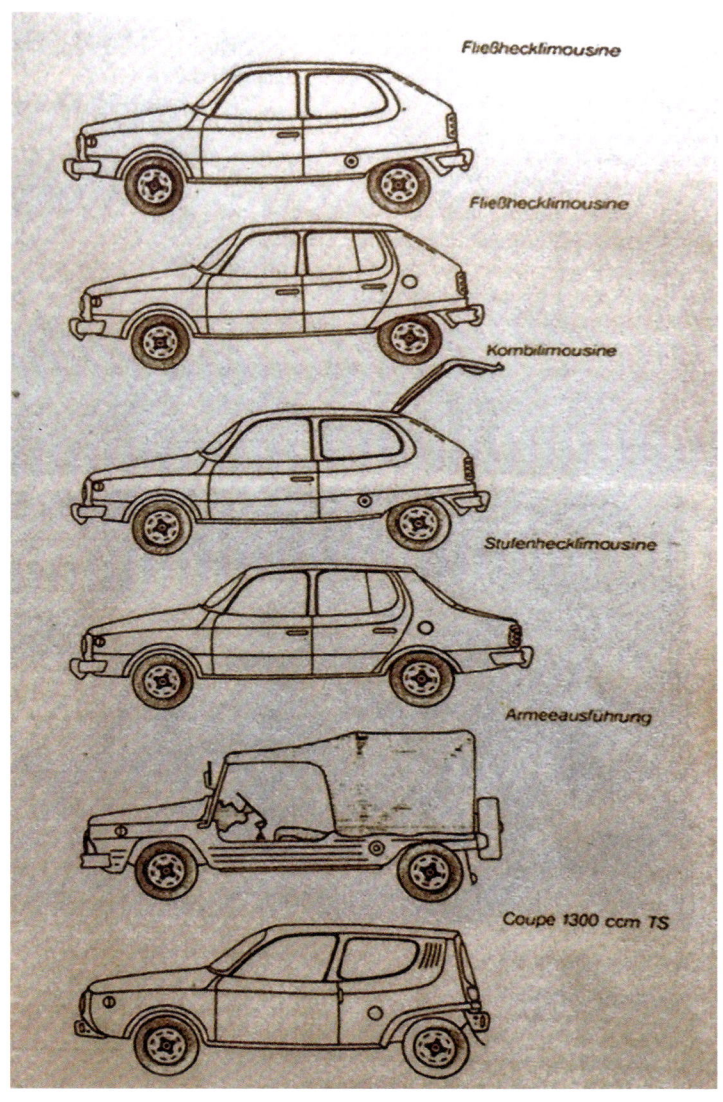

Die verschiedenen Varianten des RGW-Autos. Pro Jahr sollten allein in der DDR 300 000 Stück produziert werden.

❀ **Kennst du den?** ❀

Was ist der Unterschied zwischen einem Trabi und
einem Kaugummi? Da gibt es keinen. Wenn man drauf tritt,
bleiben beide kleben.

Landet ein Trabi nach einem Unfall in einem Straßengraben
neben einem Kuhfladen. Fragt der Fladen den Trabi: Was bist
Du denn? Na ein Auto, sagt der Trabi. Der Kuhfladen lacht
schallend: Wenn Du ein Auto bist, dann bin ich eine Pizza.

Ganz schön
abgefahren

Nichts ist unmöglich -
der Erfinder aus der Uckermark

*Wenn Manfred Ritschel durch sein Werkstatt-Reich führt, kommt man
aus dem Staunen nicht heraus. Vom Traktor über einen Bootsmotor bis
hin zu Tischler-Geräten hat der Schlosser alles selbst gebaut.*

Dieser Traktor ist ein kleines aber robustes Wunder. Ein Mix aus
diversen Fahrzeugteilen wohl bekannter Marken. Manfred Ritschel
(73), Konstrukteur und Erbauer des kleinen roten Traktors, zählt
auf: Die hinteren, größeren Räder stammen von einem Trabant,
ebenso wie das Getriebe und die Antriebswellen sowie der Haupt-
bremszylinder. Das Lenkgetriebe hat einst in einem Skoda Octavia
gute Dienste geleistet, die Handbremse in einem Moskwitsch. Die
beiden Scheinwerfer hat Manfred Ritschel von einem Simson-Mo-
ped abgebaut, die Blinker von einem Motorrad neueren Typs. Die
Vorderräder waren früher an einem Dampfstrahler tschechischer
Fabrikation angeschraubt. Das ganze Gefährt wird von einem
Rasenmäher-Motor bewegt. Zuvor hatte ein DDR-Mopedmotor der
Marke „Habicht" für das Fortkommen des Treckers gesorgt.
„Der Traktor ist mein größter Schatz", sagt Ritschel und zeigt auf
dem gepflegten Hof seines Anwesens in Alexanderhof (Uckermark) gleich mal, wie klein der Wendekreis des Gefährts ist. Ende
der 1980er Jahre entstand die Urversion des kleinen roten Trak-
tors. Ritschel lebte damals noch in Prenzlau und ärgerte sich jedes
Mal, wenn der Winterdienst nach der Räumung der Straße riesige
Schneeberge auf dem Gehweg vorm Haus hinterließ. Ein Traktor
musste her, der ihm die Arbeit erleichterte. Nach fast 30 Jahren
kann das kleine Wunderwerk der Technik längst nicht mehr nur

Sein ganzer Stolz: Der kleine rote Traktor von Manfred Ritschel, der vielseitig einsetzbar ist (oben). Er baute auch Seifenkisten für seine Kinder und Enkel. Jetzt verborgt er die Gefährte an Bekannte.

Schnee schieben. Dank diverser, natürlich ebenfalls selbst gebauter Konstruktionen, hat der Traktor noch viel mehr drauf: pflügen, grubbern, eggen, Kartoffeln roden, Rasen von Moos befreien und einen Hänger ziehen. Wie beim großen Traktor auch gibt es eine Hydraulik, die die Montage der Zusatztechnik erleichtert. Vorne hat Ritschel zudem eine Mulde installiert, mit deren Hilfe verschiedene Transporte erledigt werden können.

Dieser Mann hat goldene Hände. Das wird jeder Gast feststellen, der von Manfred Ritschel durch sein heiliges Reich, sprich seine verschiedenen, gut sortierten Werkstatträume und Garagen geführt wird. Allerorten stößt man auf selbst Gebautes. In einem Raum stehen verschiedene Maschinen made by Ritschel, die für Tischlerarbeiten dienen: ein Maschinenhobel, eine Kreissäge sowie eine Kappsäge, eine Unterfräse und eine Drechselbank. Damit fertigt Manfred Ritschel beispielsweise diversen Weihnachtsschmuck.

„Schaun Sie mal da oben!" Der Blick fällt auf eine interessant aussehende, gelbe Konstruktion. „Ein Bootsmotor", sagt Ritschel. Das kleine Aggregat ist zusammengebaut aus dem Motor eines Simson-Mofas, von dem auch der Tank stammt. Das Winkelgetriebe hat er aus den Kugelrädern eines ausgedienten Trabants gebaut.

Manfred Ritschel mag seine Leidenschaft fürs Konstruieren, Basteln und Bauen nicht in Zusammenhang mit der DDR-Mangelwirtschaft bringen. „Das Selber-Bauen liegt mir im Blut", sagt er. Ritschel ist überzeugt, dass er diese Leidenschaft auch entwickelt hätte, wenn er im Westen groß geworden wäre. In seinen verschiedenen Berufen hat der aus dem Sudetenland stammende Uckermärker viel für sein Hobby gelernt: Ritschel hat Landmaschinen-Schlosser gelernt, war anschließend viele Jahre Instandsetzungstechniker einer Flak-Einheit der NVA. „Nebenbei" absolvierte er ein Ingenieurstudium.

Ende der 1980er Jahre machte er sich in Prenzlau mit einer Reparaturwerkstatt für Kinderspielzeug selbstständig, ein Geschäft, das mit der Wende einbrach. Doch als Leiter des städtischen Bauhofs in Prenzlau hatte er auch nach 1990 viel mit Technik zu tun.

Auch seine Kinder und Enkel profitieren von Ritschels Kreativität. Er hat beispielsweise mehrere Seifenkisten gebaut, die regelmäßig die ersten Preise bei den Rennen in Prenzlau abgeräumt haben. Zuletzt gewann Fabian Halling mit einem geborgten Fahrzeug von Manfred Ritschel, das sich wieder einmal als die schnellste Konstruktion erwies. Apropos Auto: Ritschel fährt einen mehr als 20 Jahre alten Volvo Kombi, der „noch nicht einmal in der Werkstatt war". Reparaturen und Service – das macht er alles selbst. Ehren-

Manfred Ritschel auf seiner „Dnepr". In dem restaurierten Motorrad stecken Hunderte Stunden Arbeit.

sache für ihn. „Das müssen Sie sich unbedingt noch anschauen!" Manfred Ritschel zeigt auf einen etwa 15 Zentimeter langen, schwarzen Kasten. Ein kleiner Sarg. Er legt eine Münze auf den Deckel. Plötzlich kommt eine kleine, Skelett-Hand aus dem Deckel, greift nach dem Cent-Stück und streicht es in den Sarg. Ein schauriges Lachen dringt aus dem Kasten. „Ein Party-Spaß", sagt er. Irgendwann hat er etwas Ähnliches mal gesehen und hat es prompt nachgebaut. Ein Elektromotor sorgt für die Handbewegung. Ein Lachsack aus DDR-Produktion für die Geräusche.

Bei gutem Wetter ist Ritschel mit seiner imposanten Seitenwagen-Maschine unterwegs im Nordosten. Ein Tritt auf den Kickstarter. Der bullige Motor springt sofort an. Die Marke „Dnepr" wurde einst in der Ukraine produziert. Manfred Ritschels Maschine wurde 1982 hergestellt. Er hat das Motorrad 2003 erworben, da war es quasi schrottreif. Er hat die Maschine komplett zerlegt, wieder neu aufgebaut und grün lackiert. Besonders viel Arbeit steckte er in den Motor. Unter anderem waren neue Kolben und Ventile vonnöten, damit die Maschine auch mit bleifreiem Kraftstoff läuft. Der Clou: Das Rad am Seitenwagen wird mit Hilfe des Motors bewegt. Und: Das Gefährt hat einen Rückwärtsgang.

❀ Kennst du den? ❀

Wie weit ist der Abstand von einem Baum mit einem Plakat mit dem ersten DDR-Kosmonauten bis zum nächsten Baum mit einem Kosmonauten-Plakat? Ein Jähn.

❀ **Kennst du den?** ❀

Erich Honecker preist auf einem Empfang mit Kunstschaffenden die drei wichtigsten Städte der DDR: „Berlin, die Hauptstadt. Leipzig, die Messestadt. Dresden, die Heldenstadt." Ein Künstler fragt: „Wieso Heldenstadt Dresden. Ich dachte Dresden ist die Kunststadt." „Ja", antwortet Honecker, „da hast Du natürlich recht, Genosse. Aber auch Heldenstadt. Wir haben sie schon Jahrzehnte von der Versorgung abgeschnitten, und die Leute leben immer noch."

Den gleichen Witz gibt es auch in einer Version für den Bezirk Schwerin:

Erich Honecker lobt bei einem Besuch im Bezirk Schwerin ausdrücklich die drei Heldenstädte Sternberg, Warin und Brüel. „Heldenstädte? Warum denn das", fragt ein Reporter. „Ganz einfach", sagt Honecker, „die drei Städte haben wir seit 1949 von der Versorgung abgeschnitten, und die Menschen leben immer noch."

„Kennst Du den: Erich Honecker geht mit einem Strick in den Wald." – „Nee, den kenne ich nicht." – „Ich auch nicht, aber er fängt schon mal gut an, oder?!"

Auferstanden aus Schrott – ein Traktor für den privaten Acker

Familie Sy aus Löcknitz hatte zu DDR-Zeiten eine kleine private Landwirtschaft. Als für sie partout kein Traktor zu bekommen war, legte der Herr im Haus mit seinem Sohn selbst Hand an.

Wer Johannes Sy nach seinem selbst gebauten Traktor fragt, bekommt eine kleine Führung angeboten. Denn der Löcknitzer, Jahrgang 1930, ist stolz auf seinen Trecker. Kann er auch, schließlich hat er das Gefährt zusammen mit seinem Sohn Martin gebaut. Viel vom Lastkraftwagen Garant enthält der Traktor in der Scheune von Johannes Sy, gemixt mit ein bisschen W50 und Moskwitsch. Und noch weitere Fahrzeug-Marken aus DDR-Zeiten finden sich in dem einzigartigen Landmaschinen-Mix.

Die Sys sind eine weitläufige Familie in der Uecker-Randow-Region, die einst mit den Hugenotten in den Nordosten kamen. Johannes Sys Vater, der ebenfalls Johannes hieß, bewirtschaftete vor dem Zweiten Weltkrieg einen florierenden Bauernhof in Löcknitz. Nach dem Krieg und dem erzwungenen Eintritt in die Landwirtschaftliche Produktionsgenossenschaft (LPG) des Ortes blieb der Familie nur ein Hektar eigenes Land, das sie bewirtschaftete.

Das große Problem: Es gab keinen Traktor zu kaufen in der DDR. Ein Eigenbau musste her. Johannes Sy entdeckte Anfang der 1980er Jahre in einer Scheune im benachbarten Plöwen einen ausgedienten Lkw Garant, Jahrgang 1954, der der Feuerwehr gehörte. Der Lkw-Typ wurde ab 1953 unter der Bezeichnung Granit in Zittau hergestellt. Der Otto-Motor des Kleinlasters leistete 44 kW, also knapp 60 Pferdestärken. Später kam noch eine Diesel-Variante

Johannes Sy und sein Trecker, Marke Eigenbau: Der Schriftzug zeigt, dass auch Karosserie-Teile eines sowjetischen Moskwitschs verarbeitet wurden.

hinzu. Das Fahrzeug gab es mit verschiedenen Aufbauten – eben auch als Feuerwehrwagen. Nach einer Klage mussten das Zittauer Werk und der Lkw 1956/57 umbenannt werden: Der Laster hieß nun Garant, das Werk Volkseigener Betrieb (VEB) Robur-Werke Zittau. Ab 1961 wurde dort der Robur gefertigt, der bis 1990 in Zittau produziert wurde.

Das Feuerwehrauto, das Johannes Sy damals in Plöwen entdeckte, schien nach 25 Jahren Laufzeit niemand mehr zu gebrauchen. Die Löschtruppe überließ Sy das Fahrzeug, das mit einem Benzin-Motor ausgerüstet war. Mit seinem Sohn, der als Landmaschinen-Meister in der LPG arbeitete, begann Sy den Neuaufbau vom Lkw zum Traktor. Eines der zwei Getriebe stammt von einem ausgeschlachteten Utos, einer rumänischen Traktormarke, der auf dem Schrott gelandet war.

„Vom Schrottplatz stammt auch die Achse eines W50, die wir als Hinterachse in den Traktor einbauten", sagt Sy. Die passenden großen Räder gehörten zuvor zu einem ausgemusterten Armee-Fahrzeug. Wer genau hinschaut, erkennt auch den Schriftzug „Moskvich" an der Karosserie. Tatsächlich verwendeten die Sys ein Stück der Verkleidung des sowjetischen Pkw-Typs für den Garant-Motor.

Drei Jahre lang, von 1984 bis 1986, bastelten Vater und Sohn an ihrem Traktor. Der Umbau zog sich nicht nur wegen der zu beschaffenden Teile, sondern auch wegen der problematischen Werkzeug-Lage hin. „Wir haben viel mit Metallbohrern gearbeitet. Die mussten wir immer wieder selbst schärfen", sagt Johannes Sy. Neue Metallbohrer waren schwer zu bekommen. Sie gehörten seinerzeit in der DDR zur „Bückware" im Geschäft. Sys Gefährt bekam eine Sonderzulassung. „Die genehmigte Geschwindigkeit betrug sechs

Kilometer pro Stunde – maximal. Einmal haben wir aber auch über 80 km/h geschafft", sagt Johannes Sy stolz. Natürlich montierten die findigen Bastler auch die Mechanik zur Aufnahme von Pflug und Egge. Mit dem Traktor, Marke Eigenbau, wurde nicht nur das Feld der Sys beackert. Johannes Sy erledigte auch viele Transporte. Nicht nur für sich selbst, sondern ebenso für Bekannte. Wie Vieles waren auch private Transportkapazitäten rar in der DDR.

Bis Mitte der 90er Jahre leistete der Garant-Traktor gute Dienste in Löcknitz. Seitdem steht er in Sys Scheune. Der Senior würde den Eigenbau gerne an einen Interessenten verkaufen. Bei einem weiteren Trecker, den er zusammen mit seinem Sohn zu DDR-Zeiten aufgebaut hatte, sei das bereits gelungen. Den Garant-Traktor hatte Sy einige Tage zum Verkauf an den Straßenrand gestellt. Der eine oder andere habe danach gefragt. Allerdings habe sich kein Interessent gefunden, der die verlangten 1200 Euro dafür ausgeben wollte.

❀ Kennst du den? ❀

Unterhalten sich ein Ami, ein Russe und ein DDR-Bürger darüber, wer wohl die größten Wälder habe. Der Ami prahlt: „Bei uns in Amerika gibt es Wälder, wenn man da morgens reingeht, kommt man vor dem Abend nicht wieder raus!" Darauf der Russe: „Lächerlich! Wenn Du bei uns in Sibirien in den Wald gehst, kommst du erst nach einer Woche am anderen Ende heraus!" „Alles Kinderkram!", lächelt der Ostdeutsche. „Bei uns sind die Russen 1945 in die Wälder rein und sind bis heute immer noch nicht wieder raus..."

Trabi-Motor hat Trecker
aus Greifswald angetrieben

*Klein aber fein. Mit dem Dutra D4K konnte man sogar pflügen.
Der hellblaue Traktor steht in einem Winkel einer Halle des
Zweiradmuseums Dargen auf der Insel Usedom.*

„Eigenbautraktor" steht auf dem Schild am Fahrzeug: „Dieser Traktor wurde zu DDR-Zeiten dem D4K nachgebaut, mit Fahrzeugteilen, die damals üblich waren." Andreas Heuer vom Zweiradmuseum Dargen weiß genau, um welche Fahrzeugteile es sich handelt: Motor und Getriebe stammen vom Trabant, ebenso der Tank.

Andreas Heuer vom Zweiradmuseum Dargen zeigt den selbstgebauten Trecker. Ein Greifswalder hat den kleinen Dutra gebaut.

Die Achsen sind aus originalen Moskwitsch-Achsen gefertigt, die auf die Breite des Traktors eingekürzt wurden. Der Scheibenwischer sorgte einst für Durchblick bei einem Framo, einem Kleintransporter aus der frühen DDR. Die Karosserie ist Marke Eigenbau, selbst geschnitten und geschweißt. Front- und Seitenscheiben stammen aus einer Schrankwand.

Gebaut wurde der Dutra D4K von einem Greifswalder, der den Trecker irgendwann nach der Wende dem Zweiradmuseum vermacht hat. Weitere Higlights des Eigenbaus: Ein Hydraulik-Haken für den Pflug, Allradantrieb und Zwillingsreifen. „Der Traktor ist fahrtüchtig. Die Blinker gehen, auch die Heizung. Und der Trabant-Motor springt immer an", sagt Heuer. Falls doch nicht, muss das Gefährt mit dem Zweitakter halt angeschoben werden, wie sich leidgeprüfte Trabi-Besitzer möglicherweise noch erinnern.

Das Original: Der Dutra-Trecker wurde im ungarischen Traktoren-Werk „Roter Stern" gebaut.

Wie findige DDR-Mechaniker
eine Mercedes-Scheibe nachbauten

*Wolfgang Wiek war in den 70er und 80er Jahren als Mitarbeiter
eines westdeutschen Autozulieferers oft bei der Leipziger Messe.
Ein Erlebnis wird er wohl nie vergessen.*

Unabhängig von den politischen Schwankungen funktionierte der innerdeutsche Handel zwischen der Bundesrepublik und der DDR in bemerkenswert ruhigen Bahnen. Die großen Unternehmen der Bundesrepublik nutzten vielfach für die operative Abwicklung der Geschäfte ihre Niederlassungen im Westteil Berlins.

Ich war seinerzeit bei einem bekannten westdeutschen Großunternehmen der Kraftfahrzeugausrüstung tätig und auch für unser Geschäft mit der DDR zuständig. Dazu gehörte auch die Verantwortung für unsere Messestände in Leipzig. Immer wieder kamen die Herren unserer Geschäftsführung zur Messe. Als einer dieser Herren einmal bei extrem schlechtem Wetter mit großem Mercedes und Fahrer nach Leipzig fuhr, schleuderte ein Lkw einen großen Stein genau in die Frontscheibe des Dienstwagens. Das Glas war darauf natürlich nicht eingerichtet und bestand nur noch aus Resten. Verletzt wurde erfreulicherweise aber niemand. Der Chef saß hinten im Auto. Der arme Fahrer war allerdings ziemlich durchgeweicht, als sie auf unserem Messestand ankamen.

Ich bekam den Auftrag, mir etwas einfallen zu lassen. Berufsbedingt hatte ich eine gute Verbindung zu einer Lkw-Werkstatt in Leipzig, die auch die großen Laster des VEB Deutrans wartete. Ich bat den Meister, den Mercedes wieder halbwegs fahrtauglich herzurichten, vielleicht mittels Plastikfolie. Als der Mercedes repariert war, waren wir alle von den Socken. Die tüchtigen Leipziger Mechaniker hatten eine Lkw-Scheibe teilweise in schmale Streifen geschnitten, um die Scheibenrundung zu erreichen. Die „neue" Scheibe wurde so eingesetzt, dass sogar der Scheibenwischer einwandfrei funktionierte.

Die Mitarbeiter der Mercedes-Niederlassung in Berlin (West), wo das Auto wieder eine richtige Frontscheibe bekommen sollte, waren ebenfalls überrascht. Das hätten sie nicht fertiggebracht.

Diese Geschichte, die Jahrzehnte zurückliegt, habe ich bis heute nicht vergessen. Ich denke mit Hochachtung an das handwerkliche Können der hilfreichen Männer der Leipziger Reparaturbrigade.

Wolfgang Wiek (rechts) war regelmäßig als Vertreter einer westdeutschen Firma bei der Leipziger Messe dabei. Hier begrüßt er Oskar Lafontaine, Ministerpräsident des Saarlands.

Kreative Konstrukteure

*Wenn es um Eigenkonstruktionen für den Garten und
die private Werkstatt ging, waren viele DDR-Bürger
in ihrer Phantasie kaum zu bremsen.*

Der Kohle-Transporter

Wilfried Happatsch (Dauban, Görlitz) hatte viele Kohlen zu schlep-
pen. Um sich das Leben zu erleichtern, baute er 1965 aus einem
Roller und einem Hänger diesen Dreiseitenkipper. **Textilmuseum Forst**

Der Durstlöscher

Dieser „Durstlöscher" fällt auf. Die findigen Bastler des Dargener
Zweiradmuseums haben einen Barkas B 1000 als Imbiss-Wagen
umfunktioniert. Der Clou im Inneren: Die Zapfanlage aus einem
ausgedienten Trabant-Motor. *Zweiradmuseum Dargen*

Das Kraftpaket

Für diesen Trecker muss man Bärenkräfte haben. Das Gefährt wird von einem AWO-Motor angetrieben, das Getriebe stammt von einem Traktor Kramer K30.

Antikgeschäft Sparow

Der Diesel-Trecker

Der 1970 gebaute Traktor vereinigt Teile vom Robur (Achse), Multicar (Getriebe, Räder vorn) und Robur LO (Räder hinten). Antrieb: Dieselmotor mit sechs PS.

Textilmuseum Forst

Milch-Mobil

Hier muss man wirklich zweimal hinschauen, um zu sehen, was das für ein Gerät ist. Es handelt sich um eine Melkmaschine, gebaut nach einem russischen Vorbild.

Textilmuseum Forst

Selfmade-Rasenmäher

Der Rasenmäher basiert auf dem Fahrgestell eines Kinderwagens. Im Unterteil wurde eine Metallplatte aufgeschraubt, auf der wiederum ein Waschmaschinen-Motor installiert wurde. Dank der recht großen Räder konnte auch hohes Gras geschnitten werden. Der Schalter wurde übrigens angebaut, als der Motor defekt war und in einer Werkstatt repariert werden musste. *DDR-Museum Malchow*

Mäher-Mix

Die drei Konstruktionen zeigen weitere Eigenbau-Lösungen für Rasenmäher, sogar mit Kraftstrom-Motoren. *Textilmuseum Forst*

Doppelter Goldstaub

Dieser Rasenmäher sieht aus wie selbst gebaut, ist es aber nicht. Es handelt sich um den ZRM 450, wobei ZRM für Zusatzgerät-Rasen-Mäher stand. Zum Betrieb des Rasenmähers war eine Handbohrmaschine erforderlich. Die Bohrmaschine wurde in die Rotorlagerung gesteckt und justiert. Das Problem: Auch Bohrmaschinen waren „Goldstaub". Der Rasenmäher kostete 178 Mark – ohne Motor (Bohrmaschine). Immerhin konnten aber die Holme für die Winterlagerung im Winter platzsparend zusammengeklappt werden. Produziert wurde der ZRM 450 im VEB Kombinat Fortschritt, Bereich Landmaschinen. Normalerweise wurde bei Fortschritt schwere Landtechnik zusammengeschraubt wie der Traktor ZT 300. Doch alle Kombinate mussten auf Anweisung der SED-Führung Konsumgüter produzieren – so erfand Fortschritt eben den Rasenmäher als Zubehör für die Bohrmaschine.

Übrigens: In der DDR wurden auch Benzin-Rasenmäher produziert – der BM 40 mit einem Simson Mofa-Motor.

Zweiradmuseum Dargen

Rollender Staubsauger?

Was ist das denn auf dem linken Bild? Ein Roller mit Motor? Ein Staubsauger auf Rädern? Fast. Es handelt sich um einen selbst gebauten Rasentrimmer. Als Antrieb verwendete der Konstrukteur einen Staubsauger-Motor der Marke Steppke (rechts). Die Gebrauchsspuren zeigen: Das Gerät tat seine Dienste. Steppke war eine der ersten Staubsauger-Serien, die in DDR-Betrieben produziert wurden, so auch im VEB EAW „Stalin" in Berlin-Treptow.

Textilmuseum Forst (Trimmer), Zweiradmuseum Dargen

Der Alleskönner

Der Erbauer dieser Multifunktionsmaschine ist leider unbekannt. Das Gerät erfüllt folgende Funktionen: Bohrerschärfer, Messerschärfer, Schleifbock und Kreissäge. Für den kräftigen Antrieb sorgte ein Starkstrom-Motor.

Textilmuseum Forst

Der Drechsler

Aus verschiedenen Teiler hat sich ein Hobbybastler diese Drech-
selmaschine gebaut. Bemerkenswert: Auch eine Wartburg-Lenkung
wurde für das gute Stück verwendet. *Textilmuseum Forst*

Der Ernstfall

Dieses Utensil darf beim
Thema Auto nicht fehlen:
Die gehäkelte Haube fürs
Toilettenpapier. Bekannter-
maßen waren Trabant und
Wartburg langsam und die
Raststätten mit Toiletten
dünn gesät. Da musste man
für den Ernstfall gerüstet
sein. *Textilmuseum Forst*

Feste feiern, wie sie fallen

Selbst ist die Frau – der Sozialismus und die Mode in der DDR

Sich in der DDR modebewusst zu kleiden, war nicht immer einfach. Oft boten Konsum und Handelsorganisation eher altbackene Bekleidung an. Viele Bürger wussten sich aber zu helfen.

Offizielle Verlautbarungen aus DDR-Veröffentlichungen zum Thema Mode und Frau lassen einen heute eher schmunzeln. 1953 hieß es in einem Aufsatz in einer Frauenzeitschrift: „Das waren beispielsweise Frauen, die, wenn sie sich auf der Straße zeigten, gefällig angezogen, der letzten Mode entsprechend frisiert waren, aber auch oft bereits einen Stich ins Unsolide hatten." Der Autor stellte einen

Ulrike Jünger aus Rubenow fertigte in den 80er Jahren individuelle Bekleidung. Sie konnte sich kaum retten vor Aufträgen.

Zusammenhang zwischen dem Modegeschmack und dem Zustand einer Familie her. Frauen, die zu sehr auf ihre Erscheinung bedacht waren, würden eher ihren Haushalt vernachlässigen, meinte er: „Sah man beispielsweise einmal den Zustand der Kinderwäsche oder die Ordnung in Küche und Haus überhaupt, so war man entsetzt, und die ganze Falsche und Unechtheit der 'Eleganz' trat zutage. Meistens dauerte es nicht lange, bis dann in solchen Familien eine immer offenkundigere, tiefe Zerrüttung einriß." [1]

Zehn Jahre später wurde ausgerechnet im Katalog des Versandhauses Leipzig ein direkter Zusammenhang zwischen der modern angezogenen Frau und dem Sozialismus hergestellt: „In seiner Vielfalt ist das ein Sortiment, das dem modischen Geschmack und der persönlichen Note unserer heutigen Frau entspricht, die tatkräftig und selbstbewußt ihren Platz in unserer sozialistischen Gesellschaft einnimmt." [2] Die Experten sahen Modedesigner und die Arbeiter in den Kleiderwerken der DDR sogar als Klassenkämpfer. „Die politische Bedeutung des Modeschaffens liegt in der Aufgabe begründet, die Vorzüge unserer sozialistischen Gesellschaft im Wettstreit mit dem Kapitalismus klar hervortreten zu lassen", hieß es 1963 in den Mitteilungen des Instituts für Marktforschung. [3]

Angesichts der Realität hätte dieses Zitat seinerzeit wohl so manchem DDR-Bürger nur ein müdes Lächeln aufs Gesicht gezaubert. Viele freuten sich schon damals und all die Jahre bis zur Wende auf die Westpakete, die neben Kaffee, Seife und Süßigkeiten oft auch Klamotten wie Jeans enthielten. Zudem erfuhren die meisten DDR-Bürger aus dem Westfernsehen, dass sich die Versorgungssituation in Sachen Mode jenseits der Grenze deutlich besser gestaltete. Trotzdem: Im Modelexikon der renommierten Modezeitschrift „Sybille" scheuten die Autoren nicht davor zurück, an das Bewusst-

Die „Brüder und Schwestern" konnten ihren Ostverwandten dank des Genex-Katalogs sogar Autos und Häuser kaufen.

sein zum sparsamen Einkauf zu appellieren: „Schon heute sind zwei Drittel unserer Kleidung Produkte aus der Chemie. Da sie nahezu unverwüstlich sind, wäre jeder hektische Modewechsel ebenso un-ökonomisch wie unmoralisch."[*4] Dieses Zitat aus dem Jahr 1968 lobt nicht nur chemische Fasern wie Dederon, aus dem unter anderem die berühmt-berüchtigten Kittelschürzen und Beutel hergestellt wurden. Geschickt wird auch die Mangelwirtschaft in Sachen Mode bemäntelt. Wenn Frauen oder Männer ein zweites, drittes Kleid oder aber einen weiteren Anzug kaufen wollten, wurde das mit Kategorien wie „unökonomisch" und „unmoralisch" von der SED-Kanzel verdammt. Meistens gab es allerdings gar keine große Auswahl in den Modegeschäften der DDR. Probleme beim Einkauf hatten insbesondere die Menschen, deren Maße von den Durchschnittsgrößen abwichen. Selbst war die Frau, so das Motto in vielen Familien. Die Arbeitsteilung war klar: Der Mann war in der Regel für Auto, Garten und Keller zuständig. Die Frau für den Haushalt sowie fürs Nähen, Stricken und Häkeln. Für die Historikerin Anna Kaminsky war die DDR-Frau eine „Meisterin der Improvisation". Schals, Geschirrtücher, Windeln und Bettlaken wurden als Ausgangsmaterialien für eigene Modeschöpfungen genutzt. Das Material wurde selbst eingefärbt, um farbenfrohe Kleider zu nähen. Modeerscheinungen aus dem Westen wurden dabei gerne aufgegriffen.

Ende der 70er Jahre waren plötzlich Latzhosen angesagt, die es in der DDR natürlich nicht gab. Doch Frau wusste sich zu helfen: Sie griff auf weiße Maler- oder Maurerhosen zurück, die es zu kaufen gab. Die Arbeitsbekleidung wurde eingefärbt und umgenäht – fertig war die modische Latzhose.

„Die Zeitschriften und Ratgeberseiten waren voller Tipps, wie Engpässe überwunden und mit verfügbaren Materialien improvisiert werden konnte. Viele Haushalte glichen Vorratslagern. Man kaufte alles, was es gerade gab, da man nie wusste, wann welche Ware aus den Geschäften verschwinden oder wieder auftauchen würde", schreibt Anna Kaminsky.

Dazu passt die schöne Anekdote, dass ein DDR-Bürger immer einen Einkaufsbeutel bei sich hatte: Man konnte ja nie wissen, ob es in irgendeinem Laden doch etwas zu kaufen gab. Jedenfalls seien Frauen die „Spezialistinnen für Vorratshaltung und Lagerlogistik" gewesen, meint Anna Kaminsky. Wobei man zur Ehre der DDR-Männer sagen muss, dass diese ihren Frauen in nichts nachstanden, wenn es um das Horten von Ersatzteilen fürs Auto in der Garage ging.

Angesichts der Situation wurden private Modemacherinnen quasi überrannt. Ulrike Jünger hatte sich als Weberin und Näherin in den 1980er Jahren in der tiefsten Provinz angesiedelt – in Rubenow zwischen Friedland und Anklam gelegen. Sie hat in Handarbeit Hosen, Kleider, Blusen, Hemden aus Leinen- und Baumwollgewebe hergestellt. „Als wir 1983 ankamen in Rubenow, herrschte tiefster Osten. Es gab nicht wirklich außergewöhnliche Bekleidung. Wer zu uns kam, wollte etwas Besonderes", erinnert sie sich. Sie sei damals nicht hinterher gekommen mit den Bestellungen, auch wenn sie drei Gesellen beschäftigte. „Kunden brachten neue Kunden mit. Die Menschen kamen von hier, aus Berlin und anderen Gegenden", sagt Ulrike Jünger.

Mitte der 70er Jahre entstand schätzungsweise 35 Prozent der Mode in Heimarbeit. In den 80er Jahren sollen es sogar schon 50 Prozent gewesen sei, wie in einer Studie des DDR-Instituts für Marktforschung festgestellt wurde. Auch wenn diese Zahlen kein gutes Licht auf die Modeproduzenten in der DDR und den Handel werfen, wurde das verheerende Ergebnis als Erfolg verkauft. Es ergebe sich ein positiver Effekt, weil dadurch „eine sinnvolle Nutzung des Freizeitfonds unserer Frauen" gewährleistet war.[5]

❀ Kennst du den? ❀

„Machst Du einen Seitenhüpfer,
dann doch nur im Konsum-Schlüpfer."

Werbung für Boxer-Jeans. Die Hosen wurden auch in Malchow produziert und hatten mit mehr als 140 Mark einen stolzen Preis.

In allen DDR-Frauenzeitschriften fanden sich Schnittmusterbögen und viele Tipps zum selber Schneidern.

Die Braut nähte sich ihr Traum-Hochzeitskleid selbst

Als Gesine Lange 1987 heiraten wollte, fand sie in den Geschäften nichts Passendes. Sie entschloss sich, selbst Hand anzulegen. Das Vorbild für ihr Kleid fand sie ausgerechnet in einer westdeutschen Zeitschrift.

Gesine Lange kann sich noch genau an den Namen der Zeitschrift erinnern, die ihr Verwandte aus Westdeutschland geschickt hatten: „Burda spezial Brautmoden". Bei der Suche in verschiedenen Braut-mode-Geschäften in der DDR hatte sie nichts Passendes gefunden für den großen Tag im Jahr 1987, an dem sie ihren Mann Dirk heira-ten wollte. „Die Kleider haben mir einfach nicht gefallen", sagt sie. Doch die junge Frau wusste sich zu helfen.

Schließlich hatte Gesine Lange schon seit dem 14. Lebensjahr selbst geschneidert und genäht – Blusen, Hosen, Kleider, alles, was das Herz einer jungen Frau begehrt, die in dem oft sehr übersicht-lichen Angebot von Konsum und HO nicht fündig wurde. „Ich habe die ganze Familie benäht", sagte Gesine Lange, die heute in Strasburg lebt und als Architektin arbeitet. Die Nähmaschine der Marke „Veritas Rubina" sei damals „Goldstaub" gewesen. Nach mehreren Monaten Wartezeit haben ihre Eltern das gute Stück be-sorgt. Es befindet sich, leicht reparaturbedürftig, heute noch im Besitz von Gesine Lange. Nach dem Abitur studierte sie an der Hochschule für Architektur und Bauwesen in Weimar. In der thü-ringischen Stadt gab es mehrere kleine Geschäfte, die ein verhältnis-mäßig gutes Angebot an Stoffen vorhielten. Ein Glücksfall für die junge Frau. Doch als der Hochzeitstermin heranrückte und noch kein passendes Kleid gefunden war, vertraute Gesine Lange eher auf Burda. Sie wollte vor allem ein elegantes Kleid tragen. In dem West-Magazin fand sie endlich das richtige Kleid für den wichtigsten Tag im Leben. Die Verwandtschaft aus der Bundesrepublik besorgte ihr die angemessenen Stoffe. Die junge Frau war geschickt und schnell. Nur eine gute Woche brauchte sie für ihren Traum in Weiß. Geheiratet wurde im Franziskanerkloster in Neubrandenburg, das als eines der schönsten Standesämter der DDR galt. Für das prächtige Kleid wurde die Braut am Hochzeitstag natürlich vielfach bewundert, zumal ihre Verwandten wussten, dass sie es selbst genäht hatte.

Auch nach der Hochzeit nähte sie weiter. Sogar Jeans und Lederjacken für sich, ihren Mann und die älteste Tochter zauberte sie auf ihrer „Veritas Rubina". Vor allem aber auch Sweatshirts aus

Gesine Lange nähte auch die Stoffteile für den Kinderwagen. Im Wagen sitzt die älteste Tochter Elisa, die heute Modedesignerin ist.

Ein Traum in Weiß. Gesine und Dirk Lange heirateten 1987. Sie nähte sich ihr Kleid nach einem Burda-Schnittmuster selbst.

Damenunterwäsche, die ein hervorragender „Stofflieferant" war, wie sie sagt. „Leider beschränkte sich die Farbauswahl nur auf grau, rosa und weiß." Auch für den ersten Trabi der Familie hat sie die Sitzbezüge aus schwarzem Kunstplüsch genäht. „Wenn man ein wenig kreativ war, konnte man sich viele Dinge selbst schaffen." So verkleidete sie 1988 auch den Kinderwagen für den Nachwuchs. Den Wagen hatte das Paar gebraucht erworben. Gesine Lange versah das Gefährt neu mit Markisenstoff. Tochter Elisa wurde mit dem Kinderwagen transportiert. Sie hat sich offensichtlich einiges von ihrer Mutter abgeschaut. „Heute hat meine Tochter das Nähen übernommen und als Modedesignerin zu ihrem Beruf gemacht", sagt Gesine Lange.

Bis heute hütet die Strasburgerin ihr wunderschönes Brautkleid. Keine andere Frau hat es getragen. 2017 war es neben anderen Kleidern noch einmal bei der Sonderausstellung im Neubrandenburger Regionalmuseum zur Geschichte der Hochzeit mit dem Titel „Ja!" zu sehen, wo das Burda-Kleid natürlich auch auffiel.

❀ Kennst du den? ❀

Die Lehrerin bittet ihre Schüler zu berichten, wie bei ihnen zu Hause Strom gespart wird. Viele gute Beispiele werden genannt. Da meldet sich klein Fritzchen: „Wir schauen nur noch Westfernsehen, und woher die den Strom nehmen, ist mir egal."

Erich Honecker stirbt und klopft bei Petrus an die Himmels-pforte. Der sagt ihm, dass er zwei Möglichkeiten habe: „Du kannst in den Himmel oder aber in die kommunistische Hölle." Da sagt Honecker natürlich: „Ich gehe in den Him-mel." Zufällig kommt aber Walter Ulbricht vorbei und warnt ihn: „Hei, Erich, mach den Quatsch nicht. Komm zu uns!" Honecker fragt: „Warum soll ich zu Euch kommen?" Ulbricht antwortet: „Im Himmel musst Du den ganzen Tag beten und Halleluja singen. Bei uns ist wirklich was los. Du wirst auf ein Nagelbrett gelegt und eine Dampfwalze überfährt Dich!" Honecker: „Und was soll ich daran gut finden?" Ulbricht schmunzelt und sagt: „Meistens gibt es keine Nägel. Dann sind die Bretter knapp. Und wenn dann doch mal alles da ist, fehlt garantiert das Benzin für die Walze."

———————

Stehen je ein kleiner Junge auf westlicher und auf östlicher Seite an der Grenze. Der im Westen isst eine Banane. Der aus dem Osten guckt ein wenig traurig. Der aus dem Wes-ten: „Ätsch, ich habe eine Banane!" Der aus dem Osten: „Ätsch. Wir haben den Sozialismus!" Der aus dem Westen: „Ätsch, wir haben auch bald den Sozialismus!" Der aus dem Osten: „Hahaha. Dann habt ihr aber keine Bananen mehr..."

———————

Warum hatte ein DDR-Kosmonaut einen Zollstock im Gepäck? Damit er messen konnte, wie weit die DDR hinterm Mond ist.

Die Eltern nähten die Brautkleider und den Hochzeitsanzug

Dagmar Missuweit und ihr Mann Günter heirateten im Jahr 1981.
Noch heute hüten sie die Kleider und den Anzug von damals.
Das hat einen besonderen Grund.

Wenn Dagmar Missuweit aus Altentreptow heute ihre Kleider von der Hochzeit aus dem Schrank holt, muss sie an ihre Mutter denken. 40 Jahre lang war Lotte Paap durch die tückische Krankheit Multiple Sklerose (MS) an den Rollstuhl gefesselt. Aufgegeben hat sie aber nie. Sie hat gestrickt, gehäkelt und genäht – für die ganze Familie, wie sich ihre Tochter Dagmar Missuweit an ihre inzwischen verstorbene Mutter erinnert. Handarbeiten waren ihre Welt. Da war klar, dass die Mama der Tochter auch bei der Hochzeit unter die Arme griff. Die Suche nach dem Kleid im Geschäft kam gar nicht infrage. Von Anfang an stand fest, dass sie die Kleider selbst schneidert.
Kleider? Ja. Dagmar Missuweit trug seinerzeit ein weißes Kleid zur Hochzeit und zusätzlich ein türkisfarbenes Kleid beim Polterabend. Die Stoffe hatte sie im Centrum-Warenhaus Neubrandenburg erworben. Beim Zuschneiden der Einzelteile verzichtete die Mutter auf ein Schnittmuster oder andere Vorlagen. „Sie entwarf alles selbst. Die einzelnen Teile malte sie ohne Schablone auf den Stoff, um sie dann auszuschneiden", erinnert sich Dagmar Missuweit. Ihre Schwester nähte die Teile dann auf der Nähmaschine zusammen, ehe die Kleider wieder zur Mutter gingen. „Sie hat sie anschließend mit der Hand bestickt." Dadurch wurden die Kleider zum Hingucker.
Während viele junge Frauen in der DDR ihr Hochzeitskleid selbst nähten oder es sich eben wie Dagmar Missuweit von der Mama

fertigen ließen, war es eher ungewöhnlich, dass auch der Anzug für den Bräutigam in Heimarbeit entstand. Günter Missuweits Vater war ein gefragter Schneider in einem Maßatelier in der Frankfurter Allee in Berlin. So habe er auch für Olympioniken gearbeitet, sagt Dagmar Missuweit. Über die Arbeit kam er an den einen oder anderen edlen Stoff heran – auch für den Hochzeitsanzug des Sohnes. Diesen Zweiteiler habe der Schwiegervater aber natürlich in seiner Freizeit genäht. Da ihr Zukünftiger fast 1,90 Meter groß ist, wäre es wohl schwierig gewesen, für ihn einen passenden Anzug von der Stange zu bekommen, meint Dagmar Missuweit.

Ihre zwei Kleider und den Hochzeitsanzug ihres Mannes hütet sie wie einen Augapfel. Genauso wie einige Blusen, die ihre Mutter bestickt hat. „Das sind schließlich Andenken an unsere Eltern."

Dagmar Missuweit in ihrem Hochzeitskleid zusammen mit ihrer Mutter Lotte Paap, der sie das gute Stück zu verdanken hat.

Dagmar Missuweit in ihrem Polterabend-Kleid zusammen mit ihrem Mann Günter. Auch dieses Kleid hat ihre Mutter gefertigt.

Hochzeit im weißen Olympia-Jackett des Kanu-Kumpels

Nicht nur die Frauen, auch die Männer brauchen für den schönsten Tag des Lebens natürlich das passende Kleidungsstück. Der Anzug von der Stange half in der DDR allerdings manchmal nicht weiter.

Bernd Tschörner hatte ein Problem. Ausgerechnet vor dem wichtigsten Tag seines Lebens. Er wollte am 8. August 1985 seine Liebste Ute heiraten, fand aber kein passendes Jackett. Kein Wunder: Tschörner war Kanadier-Fahrer beim Sportclub Neubrandenburg und hatte einen muskulösen Oberkörper. Alle Jacketts von der Stange waren zu eng. Die Rettung kam von einem Vereinsmitglied. Bernd Olbricht borgte ihm sein weißes Olympia-Jackett. Der Kajak-Fahrer hatte bei den Olympischen Spielen in Moskau 1980 Gold und Bronze gewonnen. Das Jackett, das alle männlichen DDR-Sportler zur feierlichen Eröffnung der Spiele getragen hatten, hing natürlich noch in Olbrichts Kleiderschrank. Und siehe da: Es passte wie angegossen. So stand der Hochzeit der Tschörners im Kloster Neubrandenburg nichts mehr im Wege.

Detlef Rohloff stand 1987 vor einem ähnlichen Problem. Seine Schultern waren allerdings nicht zu breit für die Anzüge von der Stange. Der junge Mann war zu zierlich. Alle Anzüge in den Geschäften waren ihm viel zu groß. Seine Zukünftige nahm die Sache in die Hand: Antje Rohloff fuhr ins Kleiderwerk Altentreptow. Sie schaffte das Unmögliche. Die junge Frau konnte die Betriebsführung überreden, ihr einen Anzug zu verkaufen, der eigentlich für den Export bestimmt war. So stand der angemessenen Hochzeit im passenden Anzug im Kloster Neubrandenburg nichts mehr im Wege.

Doppeltes Weiß: Ute und Bernd Tschörner. Der Ehemann hatte Mühe, ein Jackett für seine breiten Schultern zu finden.

Das war knapp: Das lange Warten auf den Brautstrauß

In der Regel wird der Hochzeitstag von der ersten bis zur letzten Minute durchgeplant. Natürlich kann aber immer Unvorhergesehenes passieren, wie diese Blumenstrauß-Anekdote aus Neubrandenburg erzählt.
Hintergrund: Anlässlich der Hochzeit gab es einen Gutschein für einen Blumenstrauß, der am Tag der Hochzeit eingelöst werden musste, erklärt die Mitarbeiterin des Regionalmuseums Neubrandenburg, Swenja Gierse:

Am 30. Juli 1983 fand im Franziskanerkloster Neubrandenburg um 10 Uhr unsere Trauung statt. Alles war vorbereitet – bis auf den Hochzeitsstrauß. Ein Biedermeierstrauß sollte es sein. Der Bräutigam sollte ihn in einem kleinen Blumengeschäft in der heutigen Friedländer Straße vor der Trauung abholen. Die Straße liegt nur wenige Meter entfernt vom Standesamt.

Der Mann ging über eine halbe Stunde vor der Trauung zu dem Laden. Also hatte er viel Zeit. Eigentlich. Als er um die Ecke kam, sah er, dass vor dem Blumengeschäft eine stattliche Schlange stand. Der Laden hatte am Morgen frische Blumen erhalten, und das hatte sich in Neubrandenburg offensichtlich blitzartig herumgesprochen. Anstatt an der Schlange vorbeizugehen, stellte sich der Bräutigam treu und brav an. Er hatte ja mindestens noch eine halbe Stunde Zeit. Doch die Schlange löste sich sehr langsam auf. Als er endlich in das Geschäft reinkam, waren es noch zehn Minuten bis zur Trauung. Der Mann wurde unruhig. In höchster Not rief er: „Lassen Sie mich durch! Wenn ich den Brautstrauß nicht kriege, fällt meine Hochzeit aus!" Die Käufer vor ihm bildeten eine Gasse, so dass er endlich an den Verkaufstisch kommen konnte. Doch der Brautstrauß musste erst noch gebunden werden. Nur wenige Minuten blieben noch. Der Bräutigam nahm den Strauß und sprintete zum Standesamt in Weltrekordzeit. Er kam genau auf den Punkt an. Gerade öffneten sich die Türen zum Standesamt. Natürlich war die Hochzeitsgesellschaft beim Warten schon unruhig geworden. Der Vater der Braut meinte zu seiner Tochter sogar etwas ketzerisch: „Der ist abgehauen, den siehst Du nicht mehr!"

Doch die Braut blieb ruhig, zumindest äußerlich. Naja, ein bisschen unruhig war sie schon!

❀ Kennst du den? ❀

Wegen der ständigen Differenzen zwischen Peking und Moskau fliegt Breshnew nach Peking zu Mao. Schließlich kommen sie zu einer friedlichen Einigung. Mao bittet Breshnew aber trotzdem noch, als Zeichen seines guten Willens, ihm einige Sachgüter zu schicken. Breshnew willigt natürlich bereitwillig ein.

Mao: „Wir bräuchten 10 000 Autos!"

Breshnew: „Die werdet Ihr bekommen, Genosse Mao!"

Mao: „Und dann bräuchten wir noch 100 000 Fahrräder!"

Breshnew: „Kein Problem, Genosse Mao!"

Mao: „Ach ja, und 100 000 Sack Reis noch!"

Breshnew: „Genosse Mao, das geht leider nicht! Meines Wissens wird in der DDR nämlich kein Reis angebaut."

Jugendweihe 1975

Große Vorbereitungen für große Feste – eine Jugendweihe in Neustrelitz

Familie Weber stand in den 80er Jahren vor der Aufgabe, eine Feier zur Jugendweihe zu organisieren. Das war aber nicht die einzige schwierige Aufgabe, die sich im DDR-Alltag ergab, wie sich Gudrun Weber erinnert.

Auch wir sind „gelernte DDR-Bürger" und hatten seit unserer Eheschließung 1972 unzählige Gelegenheiten, uns mit den Unzulänglichkeiten der DDR zu arrangieren und den Alltag zu organisieren. Das gelang oft, aber es blieb der bittere Beigeschmack, dass man sich doch in seiner Würde verletzt fühlte. Dazu einige Beispiele.

Unsere Tochter hatte 1987 Jugendweihe in Neustrelitz, die Vorbereitungen liefen schon im zweiten Halbjahr 1986. Wir erfuhren, dass es in der Stadt einen Anbieter gab, der für diese Feier Buffet liefert. Dafür musste man aber am 2. Januar ab 8 Uhr, so glaube ich, erscheinen. Wir waren schon kurz nach 6 Uhr dort – und wir waren nicht die Ersten. Doch so ergatterten wir den Zugang zur limitierten Bestellung. Als erstes wurden wir allerdings angeschnarrt: „Mit Schaustück oder ohne?" Und so ging es im militärischen Ton weiter! Schlimm, aber wir waren glücklich, unseren Gästen etwas Besonderes bieten zu können.

Jahre zuvor baute mein Mann mit Freunden eine Garage in der Nähe unserer Neustrelitzer Wohnung. Es war ein heißer Sommer. Seit Tagen, ja Wochen gab es selten Getränke in den Geschäften. Unsere Helfer mussten versorgt werden, der Laden in unserer Nähe sollte mit Getränken beliefert werden. Ich wartete im Laden auf die Lieferung, die Brauerei-Mitarbeiter stellten die Kästen in den Laden, wir Kunden standen mit unseren Einkaufskörben darum und wollten

Jugendweihen wurden lange geplant, auch Kleidung war schwer zu ergattern. 1987 feierte Dana Weber (vorne, links) in Neustrelitz.

einpacken. Wir wurden jedoch gestoppt. Es musste erst verglichen und gezählt werden. Plötzlich erklang ein Pfiff: „Zugreifen!"

Unsere Wohnung wurde 1982 von der Gebäudewirtschaft verwaltet. Die Renovierung des Bads wurde genehmigt. Die Wannenseite sollte gefliest werden. Mein Mann teilte mir mit, dass mich am nächsten Morgen ein Mitarbeiter der Baustoffversorgung abholen würde, um die Fliesen auszusuchen. Ich war aufgeregt, habe die ganze Nacht nicht geschlafen, überlegt, ob ich dunkelrote, blaue oder grüne Fliesen nehmen sollte. Der Mitarbeiter kam am nächsten Morgen, er klingelte. Ich öffnete die Tür. Er stand mit Paketen mit Fliesen im Flur. Ich stammelte etwas von wieso, warum. Antwort: „Sie wollten doch wohl nicht die weißen aus dem Fischladen. Wir haben Ihnen die grauen gebracht, mehr haben wir nicht." Das war es.

In dieser Wohnung hatten mein Mann, ich und unsere Tochter drei Jahre zusammen mit meinen Schwiegereltern gewohnt, dann bekam ich von der Arbeiterwohnungsgenossenschaft (AWG) meine Zuweisung für eine 2-Raum-Neubauwohnung. Zu dem Zeitpunkt, Mitte der 70er Jahre, war ich bereits mit unserem zweiten Kind schwanger. Ich versuchte die Mitarbeiterin der AWG zu überzeugen, dass es unsinnig, gar unwirtschaftlich sei, dass wir mit zwei Kindern in eine 2-Raum-Wohnung ziehen; dass ich sowieso einen Antrag auf eine größere Wohnung stellen muss. Statt einer vernünftigen Lösung kam das knallharte Argument: „Das ungeborene Kind zählt nicht!" Also verzichteten meine Schwiegereltern auf den Tausch ihrer Wohnung mit einer kleinen, komfortablen Wohnung. Sie übernahmen unsere bescheidene, stets feuchte AWG-Wohnung mit Ofenheizung. So wurde übrigens vielen Eltern „angeraten", die Wohnungen mit ihren Kindern zu teilen. Auch so konnte man das Wohnungsbauprogramm erfüllen.

Thema Urlaubsreisen. Ich habe mich jedes Jahr um einen Urlaubsplatz über den Freien Deutschen Gewerkschaftsbund (FDGB) beworben. 1977 hatte ich großes Glück. Wir bekamen einen Platz im Interhotel Neptun Warnemünde, für eine Woche, aber nur für zwei Erwachsene. Meine Tochter war zu dem Zeitpunkt schon fünf Jahre, unser Sohn eineinhalb Jahre. Wir bemühten uns um Aufstockung der Betten im Zimmer, vergeblich.

Wir konnten durch Bestechung mit Geld erreichen, dass uns ein Studiozimmer, eine bessere Besenkammer, mit einer Aufbettung zugewiesen wurde. Unser Sohn blieb bei der Oma in guter Obhut. Er musste nicht erleben, dass die komfortableren Strandabschnitte den Neckermann-Reisenden aus dem Westen vorbehalten blieben, die sich zu den Mahlzeiten auch nicht an die endlosen Schlangen

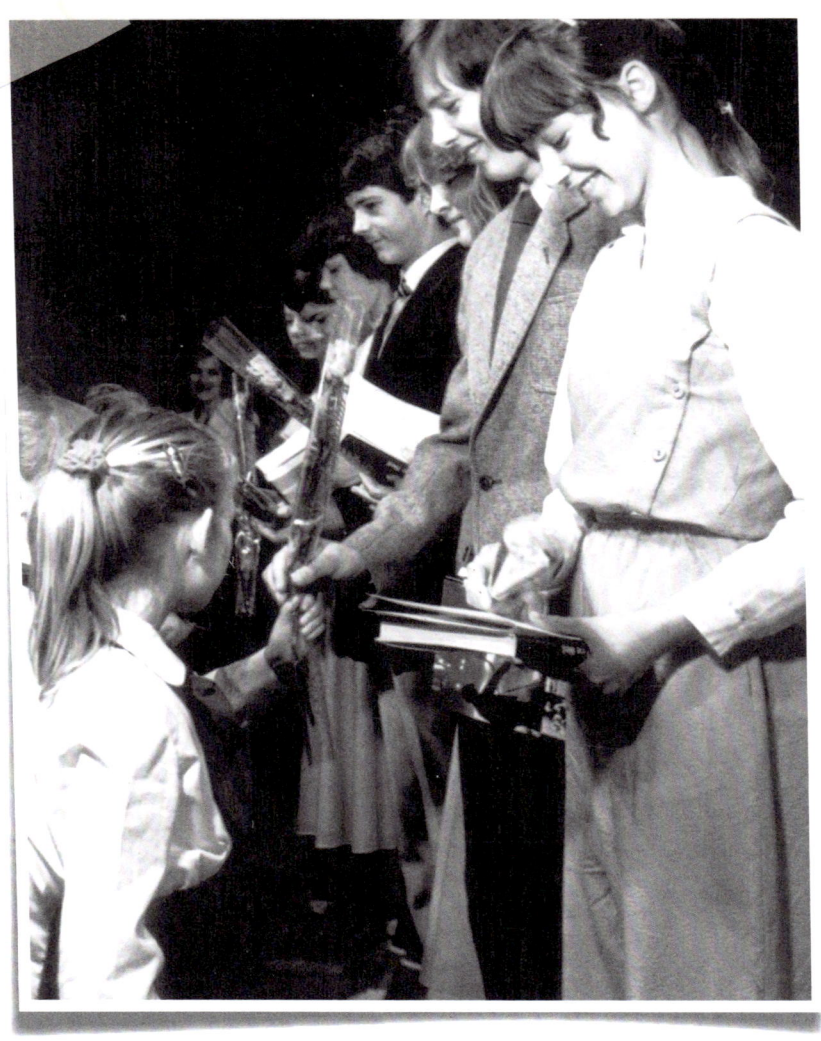

Jugendweihe der Polytechnischen Oberschule (POS) I in Neubrandenburg 1982. Von den Jungen Pionieren gab es traditionell
Blumen zur „Aufnahme in den Kreis der Erwachsenen".

auf den Treppen zum Restaurant anstellen mussten. Der Garten und der See zu Hause wären für uns auf jeden Fall die besseren Alternativen gewesen.

Doch wir konnten der Versuchung auch ein zweites Mal nicht widerstehen. Mein Mann arbeitete in einem sozialistischen Vorzeigebetrieb, im Betonwerk Rethwisch in Möllenhagen. Der Betrieb vergab häufiger gute Ferienplätze. So durften wir im Mai 1987 abermals in ein Interhotel, wieder für eine Woche, diesmal nach Sassnitz und mit einem Kind. Tragisch, was ist das für ein Familienleben! Wir lösten es auf „DDR-Art", unsere 14-jährige Tochter verbrachte eine halbe Woche mit uns, dann brachte der Opa unseren Sohn. Die Tochter nahm er dafür mit zu sich nach Hause. Irrsinn!

❀ Kennst du den? ❀

Das sowjetische Politbüro hatte alle Spitzenfunktionäre der Ostblock-Staaten nach Moskau eingeladen. Als die Mitglieder sich im Konferenzraum auf ihre Stühle setzten, verzogen fast alle ihr Gesicht vor Schmerzen. Sie sahen nach, wodurch die Schmerzen verursacht wurden und fanden eine Reißzwecke. Alle empörten sich und schimpften.

Walter Ulbricht hatte nur kurz die Miene verzogen, aber nichts gesagt. Die anderen Politiker fragten ihn, warum er es nicht empörend fand. Da sagte Ulbricht in seinem typisch sächselnden Tonfall: „Nu, die sowjetischen Genossen werden sich schon was dabei gedacht haben, ja?!"

Unverwüstliche Tasche

Als ich 1980 an die Medizinische Fachschule kam, wollte ich dort nicht mit Schultasche oder Einkaufsbeutel herumlaufen. Mir schwebte eine Tasche mit Holzbügeln vor. Also zeichnete ich zunächst die späteren Henkel auf Butterbrotpapier, verschieden große Teller und Tassen dienten dabei als Schablonen. Wichtig war, dass Schnellhefter und der Rechenschieber problemlos in die Tasche passten. Mein Opa, der Stellmacher war, sägte die Henkel aus Sperrholz aus. Meine Mutter nähte aus meinem alten Parka den „Sack". So entstand meine „Arbeitstasche", in der ich viele Jahre meine Kittel und Utensilien für den Nacht- und Bereitschaftsdienst ins Krankenhaus transportiert habe. Die Tasche ist unverwüstlich und wird mich wohl überleben.

Heike Schiebeling, Jürgenstorf

Boxer-Hosen mal anders

Wer in der DDR unterwegs war, hatte immer eine Tasche dabei, gerne auch eine aus privater Produktion. Es hätte ja was geben können!

Malchow – Die Stadt der Jeans-Beutel

In Malchow wurden die Boxer-Jeans hergestellt. Das zeigte sich auch im Stadtbild. Viele der Arbeiterinnen nähten aus Stoffresten Taschen in allen möglichen Varianten. Eine Auswahl findet sich im DDR-Museum Malchow, zudem gibt es einen Bucheinband aus Jeansstoff. Bei dem Band handelt es sich um ein deutsch-vietnamesisches Wörterbuch. Im Kleiderwerk arbeiteten auch Frauen und Männer aus dem asiatischen Land.

DDR-Museum Malchow

Die Kultigen

Taschen hergestellt aus Nitschelhosen, die heute richtig kultig aussehen. Als Nitschelhosen werden Lederwalzen an der Krempel-Maschine in einer Textilfabrik bezeichnet. Die Taschen hat ein Arbeiter eines Textilbetriebs in Forst für den Eigenbedarf hergestellt. Forst war einst eine Hochburg der Textilindustrie Deutschlands beziehungsweise später der DDR.

Textilmuseum Forst

❀ Kennst du den? ❀

Erich Honecker steht zusammen mit Helmut Schmidt bei dessen Staatsbesuch in der DDR 1981 auf der Bühne.
Die Menge jubelt und ruft immer wieder: „Erich! Erich!"
Helmut Schmidt flüstert Honecker zu: „Alle Achtung.
Die Menschen müssen Sie ja lieben." Honecker antwortet:
„Ja, das müssen sie."

Strumpfhosenzauber

Ein Beutel aus Strumpf-
hosenresten: Ausgediente
Strumpfhosen wurden in
Streifen geschnitten und
verhäkelt oder aber mit
der „Strickliesel" zu einem
langen Band verarbeitet.
Solche Bänder wurden
auch im Garten als Schnur
verwendet.

Textilmuseum Forst

Toilettenschnur-Tasche

Man beachte die Henkel
dieser Basttasche. Sie
wurden aus einer Toilet-
tenschnur gefertigt, mit
der normalerweise die
Spülung eines WC be-
tätigt wurde.

Textilmuseum Forst

Für den Einkauf

Auch nicht schlecht: Eine gehäkelte Tasche mit Holzgriffen. Verwendet wurden zudem die Gummis aus Kronkorken.

Textilmuseum Forst

Hausgemacht

In vielen Familien wurden Bettlaken zu Kleidern verarbeitet. Wie hier wurde das Laken gefärbt, ehe es zu einem Kleid vernäht wurde.

DDR-Museum Malchow

Klein, aber fein

Gerade Bekleidung für Kinder wurde in der DDR oft in Handarbeit an der eigenen Nähmaschine hergestellt. Hier ein Kleidchen für ein kleines Mädchen.

DDR-Museum Malchow

Für den Besuch

Diese Treter gehörten wohl fast in jedem DDR-Haushalt zum Inventar: Die gehäkelten Hausschuhe für den Besuch.

Textilmuseum Forst

ABC-Schützen

Die DDR-Bürgerrechtlerin Maria Nooke, Ehefrau des Bundestagsabgeordneten Günter Nooke, hat diese Schulanfängerkleidung für ihre Tochter selbst genäht. Maria Nooke ist in Forst geboren. Sie erinnert sich: „Eine Freundin, Petra Kusch, hatte für ihre Tochter die Zuckertüte mit Stoff beklebt. Das brachte mich auf die Idee, die Zuckertüten meiner Kinder passend zu den Klamotten zu gestalten. Es gab manchmal farbige Kinderbettlaken. Ich hatte Pink/Bordeaux ergattert, was gut mit dem Blümchenstoff zusammenpasste. Der Schulanfang war am 2. September 1989. Die Jacke wäre fast nicht fertig geworden. Am Nachmittag des 1. September 1989 traten wir zur Kundgebung anlässlich des Weltkriegsbeginns 50 Jahre zuvor mit unserem Transparent 'Friedensbrücken statt Friedensgrenzen' auf. Ich fotografierte den Zugriff der Polizei, was die nicht so lustig fand … Die Sachen habe ich nach der Demo fertig genäht." *Textilmuseum Forst*

Not macht
erfinderisch

Selbst der Fliesenersatz
aus Plaste war heiß begehrt

Familie Rutkowski aus Neustrelitz hätte gerne das Bad gefliest. Doch woher nehmen, wenn nicht stehlen? Es ergab sich eine Alternative, die aber auch nicht leicht zu beschaffen war, wie Ingrid Rutkowski schreibt.

Mein Mann und ich bekamen 1982 einen Ferienplatz über die Gewerkschaft Post- und Fernmeldewesen in Friedrichroda. Beköstigt wurden wir im Ferienheim. Eine Unterkunft bekamen wir bei Familie Schäfer. Es waren liebevolle Gastgeber. Sie hatten ein Bad, das statt Kacheln – die Mangelware waren – mit Spanplatten ausgekleidet war. Die Platten waren mit farbigem Plaste beschichtet. Dank weißer Striche sah das Ganze wie gefliest aus. Mein Mann und ich fanden das sehr schön. Ich fragte die Familie, wo sie die Platten erstanden hätten. Sie nannte uns eine Firma in Friedrichroda.

Ich setzte mich gleich mit dem Chef des Betriebs in Verbindung. Er sagte mir, dass die Herstellung der Platten nicht zur eigentlichen Arbeit des Unternehmens gehöre. Es handele sich nur um ein Zwischenprodukt. Woher sollte ich nun die schönen Platten als Fliesen-Ersatz herbekommen? Der Firmenchef erklärte mir, dass der größte Teil der Platten an das Centrum-Warenhaus am Alexanderplatz in Berlin geliefert wird.

Nun wusste ich, mit wem ich in Verbindung treten musste. Da ich im Fernamt beschäftigt war, fiel mir die Kontaktaufnahme nicht schwer. Es dauerte auch nur einige Wochen, da hatte das Warenhaus eine Lieferung schwarzer Platten bekommen. Aber das war nicht unsere Farbe, denn es war ohnehin schon alles dunkel genug. Der Verkäufer in Berlin wünschte mich schon zum Mond, weil ich

Ingrid Rutkowski konnte sich bislang noch nicht trennen von den Platten, die statt der Fliesen an der Wand im Bad hängen.

nicht locker ließ. Nach einigen weiteren Wochen hatte ich dann Erfolg. Es waren hellblaue und grüne Platten geliefert worden.

Inzwischen hatte ich meiner Nachbarin zur Rechten davon erzählt. Sie meldete auch Bedarf an. Der Verkäufer in Berlin machte uns klar, dass wir sofort kommen müssten, denn er dürfe nichts aufheben.

Ich suchte mir eine Vertretung für meine Schicht, und ab ging es mit Zug nach Berlin. Ein Auto hatten wir nicht. Der Verkäufer machte drei Kreuze, dass er mich nun endlich los war. Jetzt stellte sich allerdings die Frage, wie wir die Platten abholen und nach Neustrelitz bringen können. Das musste in den nächsten Tagen geschehen.

Hubertchen, unser Nachbar zur Linken, war immer sehr hilfsbereit. Er hatte ein Auto mit Anhängerkupplung. Er war sofort bereit, uns zu helfen. Einen Hänger hatte er schnell besorgt. Nun brauchte es nur noch einige gute Wäscheleinen zum Befestigen der Platten und los ging's. Hubertchen brachte alles sicher nach Neustrelitz. Nun hatten wir blaue und grüne Platten für Küche, Bad und den Nachbarn zur Rechten. Vier Monate ruhten die Dinger allerdings noch unter unseren Ehebetten, ehe sie angebracht werden konnten, weil erst andere Arbeiten im Bad zu erledigen waren.

Im August 2017 wohne ich 58 Jahre in dieser Wohnung. Fünf Jahre allein. Die hellblauen Platten zieren immer noch das Bad. Eine grüne Platte ist noch in der Küche erhalten. Unsere vier Kinder sind in dieser Wohnung groß geworden. Wir hatten eine tolle Nachbarschaft. Es gab nie Streit und Krach. Die Kinder schwärmen heute noch von ihrer Kindheit in der Neustrelitzer Twachtmannstraße.

Prüfung bei der Volkspolizei. Der Offizier zeigt dem angehenden Polizisten ein Bild. Zu sehen ist ein Mensch im Profil. Der Offizier fragt: „Was fällt Ihnen auf?" – „Der Mann hat nur ein Ohr", antwortet der junge Mann. Der Prüfer fragt: „Wie kommen Sie denn darauf?" Der Jung-Polizist: „Na, ich sehe doch nur ein Ohr." Durchgefallen! Der nächste geht rein. Der Offizier fragt ihn das Gleiche. Der Prüfling sagt: „Der Mann hat nur ein Auge." – „Wieso", fragt der Offizier. – „Na, ich sehe doch nur eins." Durchgefallen! Der dritte angehende Volkspolizist geht rein. Der Prüfer fragt: „Was fällt Ihnen auf?" Der Prüfling antwortet: „Der Mann trägt Kontaktlinsen." Alle sind verblüfft und völlig ratlos. Die Sache wird untersucht. Man prüft, ob der Mann auf dem Bild wirklich Kontaktlinsen trägt. Es stellt sich heraus: Der Prüfling hat recht. Er hat die Prüfung zum Volkspolizisten bestanden. Alle gratulieren ihm. Der junge Mann geht in den Polizeidienst. Irgendwann trifft er noch einmal den Prüfer. „Wissen Sie", sagt er zu dem jungen Polizisten, „mir geht das nicht aus dem Kopf. Wie sind Sie da nur drauf gekommen. Es ist mir völlig schleierhaft, woher Sie diese Eingebung hatten." Der junge Mann antwortet: „Na, wenn man nur ein Ohr hat, hält doch keine Brille."

Anfrage an den Sender Jerewan: Darf man die Partei kritisieren? Antwort: Im Prinzip ja. Aber es lebt sich besser, wenn man es in den eigenen vier Wänden tut.

Wie ich mir in der DDR
mein erstes Schlagzeug besorgte

Musiker mussten nicht nur künstlerische Schöpferkraft unter Beweis stellen. Kreativität war auch beim Beschaffen von Musikinstrumenten und Technik gefragt, wie Gerd Brummund erinnert.

Für viele DDR-Bürger galt damals das Lebensmotto: „Beziehungen schaden nur dem, der keine hat!" Das galt auch bei der NVA. Von November 1975 bis April 1977 trug ich das „Ehrenkleid" der Nationalen Volksarmee und ich hatte überhaupt keinen Bock auf diesen „Ehrendienst". Die Armeezeit nahm mir die geliebte Freiheit inklusive meiner geliebten langen Haarpracht. Ein bisschen Glück im Unglück hatte ich dann doch, weil ich in Neubrandenburg unweit meiner Heimatstadt Penzlin in der Kaserne „Weg am Hang" stationiert wurde.

Der Singeklub der NVA Neubrandenburg war hier ansässig und viele bekannte DDR-Musiker wurden speziell für die künstlerische Verstärkung dieses Klubs eingezogen. So dienten hier beispielsweise Thomas Natschinski, Arno Schmidt, Micha Höft und viele andere DDR-Stars. Der bis dahin tätige Drummer war gerade in die Reserve entlassen worden, und da kein neuer Drummer zweckbestimmt eingezogen wurde, suchten die Klubmitglieder nun verzweifelt eine Ersatzlösung unter den „Neuankömmlingen".

In diesem Zusammenhang wurde auch ich von den Mitgliedern des „Klubs", wie man heute sagen würde, „gecastet". Stolz erzählte ich von meiner bisherigen Musikerlaufbahn, und es wurde ein Termin für die Präsentation meiner musikalischen Fähigkeiten vereinbart. Vor meiner Armeezeit hatte ich in zwei Tanzbands gespielt und

Erich Honecker wäre stolz gewesen: Gefreiter Gerd Brummund mit seinem Westschlagzeug der Marke „SONOR" (oben). Brummund am Schlagzeug 1974 mit „Saga" in Penzlin. Mit dabei Gunther Grothkopp, Uwe Engel und Armin Stenzel (von links).

autodidaktisch das laienhafte Bedienen von Schlagzeug und Gitarre erlernt. Im Laufe meiner Stippvisite im Schulchor der POS „Johann-Heinrich-Voß" in Penzlin schoss ich durch die intensiven Chorproben mit dem damaligen Chorleiter Horst Köhn zum Gesangssolisten empor. Bei einigen Festveranstaltungen im Wallschlösschen interpretierte ich das Lied „Kleine weiße Friedenstaube". Mein Vater saß einmal im Publikum und wurde von seinem Nachbarn gefragt: „Kennst du den Jungen?" Mein Vater soll verneint haben. Ich weiß bis heute nicht, ob er sich wegen meines Gesangs oder wegen des Liedes geschämt hat! Egal, meine ziemlich hohe Stimme empfand die Jury als eine Bereicherung für den Singeklub. Der Bassist der Gruppe, Willi Becker, konnte allerdings wesentlich besser Schlagzeug spielen als ich. Heute weiß ich, dass es bei den Beatles genauso war und das beruhigt mich im Nachhinein. John Lennon hat einmal auf die Frage: „Halten Sie Ringo Starr für den besten Schlagzeuger der Welt?", geantwortet, „Ringo Starr ist nicht einmal der beste Schlagzeuger der Beatles!". Auch bei den Beatles war also der Bassist (Paul McCartney) der bessere Drummer.

Ich konnte und musste auf den Instrumenten Gitarre und Schlagzeug sehr viel von den anderen super ausgebildeten Musikern (zum Beispiel Arno Schmidt, Willi Becker, Micha Höft) lernen und habe die Gelegenheit auch beim Schopf gepackt.

Als ich Anfang Februar 1977 endlich das lang ersehnte Licht der Entlassung am Ende des 18 Monate langen Tunnels erkennen konnte, plante ich den Kauf eines Schlagzeuges. Mit dem Erwerb dieses Instrumentes wollte ich für den Einstieg in das musikalische Zivlleben besser gerüstet sein. Durch einen Potsdamer, der auch seine „Ehrenzeit" in unserer Kompanie abdiente, erfuhr ich, dass der Drummer von „Erna Schmidt", eine Band aus Potsdam, sein gebrauchtes

Gerd Brummund ist bis heute als Musiker unterwegs und vor allem im Nordosten sehr erfolgreich.

„SONOR"-Schlagzeug aus dem Westen mit sogar zwei Bassdrums verkaufen wollte. Wahnsinn! Die Kosten für dieses Schlagzeug beliefen sich auf 8500 Ost-Mark oder 1200 DM!!! Der Preis entsprach damals genau dem Neupreis eines Trabant 601 „Sport" – es befanden sich zusätzlich ein Paar Turnschuhe im Kofferraum.

Problem Nummer 1:
Westgeld besaß ich überhaupt nicht und die 8500 Ostmark? Natürlich fehlte mir ein großer Teil des geforderten Kaufpreises.

Problem Nummer 2:
Wie sollte ich das Drum-Set von Potsdam in die Kaserne nach Neubrandenburg bekommen?

Hier die Schritte zur Lösung des Problems:
Ich musste die finanzielle Basis klären. Es war klar, dass die vorhandenen Geldinstitute einem kleinen Soldaten damals kein Geld für solche Anschaffungen leihen würden. Als Gefreiter bekam ich einen Sold von 120 Mark im Monat. Davon wurden noch Beiträge abgezogen. Ansparen war also auch keine Erfolg versprechende Variante.

Mit einem mulmigen Gefühl schrieb ich meinen gut betuchten Tanten in Bad Langensalza einen Brief, in dem ich sie über mein Ivestitionsvorhaben informierte. Umgehend kam von ihnen die Zusage. Sie stellten mir die fehlenden 8490 Mark leihweise zur Verfügung, weil sie mein Faible für die Musik schon immer sehr begeisterte. Jetzt hieß es, Netzwerke herzustellen und Pläne zu entwerfen, um die Realisierung des Schlagzeug-Kaufes und den anschließenden Transport einzufädeln.

Einmal im Monat fuhr ein Lkw des Fuhrparks unseres Bataillons nach Berlin, um dort für die Offizierskantine einzukaufen. Die Beschaffung und der Transport von Spezialitäten aus dem Nahrungs- und Genussmittelsektor, die man auch in Berlin nicht überall vor dem Ladentisch kaufen konnte, fiel in den Kompetenzbereich eines Soldaten, der sein 18-monatiges Zuhause auch in unserem Zehn-Mann-Zimmer genoss. Nach kurzer Absprache bestellte er bei dem Einsatzleiter der Fuhrparks für die anstehende Versorgungsfahrt nach Berlin einen zusätzlichen Kleintransporter. Er wies den Fahrer an, direkt nach Potsdam zum Haus des Schlagzeugers von „Erna Schmidt" zu fahren, um dort das Schlagzeug abzuholen.

Am Abend stand mein „SONOR" im Probenraum unweit des Stabsgebäudes des MB 5 (Militärbezirk 5). Ich hatte also uneigennützig freie Transportkapazitäten der NVA genutzt, um die technische Ausrüstung eines Kulturschaffenden im Norden des ersten deutschen Arbeiter- und Bauernstaates auf ein höheres Niveau zu heben und meine gesellschaftlichen Aufgaben damit nicht nur erfüllt, sondern übererfüllt.

In Anlehnung an die von Erich Honecker vorgegebene Richtlinie: „Aus unseren Betrieben können wir noch viel mehr rausholen", übertrug ich die praxisnahe Idee dieses grandiosen Vordenkers nahtlos auf die NVA und war mir zu diesem Zeitpunkt sicher, dass ich im Sinne des Genossen Honecker handelte.

❀ **Kennst du den?** ❀

Ein treues SED-Parteimitglied kehrt von einer Dienstreise aus der Bundesrepublik zurück. Sein Vorsitzender: „Na, Genosse, haben Sie den faulenden und sterbenden Kapitalismus gesehen?" „Ja." „Und was halten Sie davon?" Mit verklärtem Gesichtsausdruck: „Schöner Tod…"

Verkäuferinnen von „Bückdichware" lebten in der DDR gefährlich

Kaum zu glauben, aber in einem Teppichgeschäft kam es zu einem Gerangel, weil sich die „Herrin" über die Ware ahnungslos stellte. Sogar die Polizei musste einschreiten, wie Gerd Brummund berichtet.

Ein großer Teil der DDR-Bürger konnte spezielle Nahrungs-, Konsum- und Genussgüter nicht in den Geschäften begutachten, geschweige denn kaufen, weil er einfach auf der falschen Seite der Ladentische stand. Dafür konnte man den Staat doch nicht verantwortlich machen.

Es handelte sich in vielen Fällen um die sogenannte „Bückdichware", die generell unter dem Ladentisch verkauft wurde. Ich bin einmal in Bad Langensalza (Thüringen) Zeuge eines skurrilen Teppichverkaufs geworden.

Zwei Schwestern meines Vaters lebten dort und wir saßen nachmittags beim traditionellen Kaffeeklatsch mit meinen Tanten zusammen, als plötzlich die Nachbarin mit hochrotem Kopf die „gute Stube" betrat. Sie war ziemlich außer Atem und auch völlig außer sich. Aufgeregt stammelte sie: „Ihr glaubt es mir nicht, ihr glaubt es mir nicht, ihr glaubt es mir nicht, was mir eben gerade passiert ist! Ich kann es ja selbst kaum glauben!"

Meine Tante bat sie, sich etwas zu beruhigen und uns zu erzählen, was sie aus ihrer sonst so sehr gemütlichen Fassung gebracht hatte.

„Also", begann sie, „ich war heute in der Stadt beim Arzt und wollte gleich wieder nach Hause gehen, doch als ich am Einrichtungshaus der HO (Hilflos Organisiert oder, offiziell: Handelsorganisation) vorbeikam, hörte ich, wie sich zwei Frauen in diesem Geschäft ziem-

Da konnten sich die Frauen im Kleiderwerk Malchow noch so sehr anstrengen, es gab in der DDR einfach nicht genügend Teppiche.

lich laut stritten. Mich interessiert das Gezänk anderer Leute sonst nicht, aber diese Auseinandersetzung weckte doch mein Interesse. Ich ging in das Geschäft und hörte, wie die Dame diesseits des Ladentisches, nach meinem Empfinden die Kundin, der Dame auf der anderen Seite des Ladentisches entgegen zischte: „Ich möchte einen Teppich kaufen!" Darauf die Verkäuferin: „Wir haben keine Teppiche!" Kundin: „Ich habe aber gesehen, wie in der Mittagspause mehrere Teppiche in ihrem Lager angeliefert wurden!" „Wir haben keine Teppiche bekommen!"

Die Kundin wurde etwas ungehaltener und schrie die Verkäuferin an: „Wollen Sie mir unterstellen, dass ich keinen Teppich erkenne? Wollen Sie mir wirklich weismachen, dass Sie keine Teppiche im

Lager haben?" „Wir haben keine Teppiche!" Jetzt ging alles rasend schnell. Die Kundin gab der Verkäuferin eine leichte Backpfeife. Die Verkäuferin rief die Polizei. Keine fünf Minuten später stand der ABV (grüner Greifvogel mit drei Buchstaben oder aber offiziell Abschnittsbevollmächtigter) im Geschäft und wollte den Sachverhalt klären. Ich habe mich wie eine Mitwirkende beim „Polizeiruf 110" gefühlt und war auch ein bisschen aufgeregt.

Die Verkäuferin beschrieb dem ABV die erlittene Körperverletzung, und die Kundin schilderte ihre Beobachtungen sowie den daraus resultierenden Grund ihrer Kurzschlusshandlung.

Anschließend ging der ABV mit der Verkäuferin in das Lager, fand die Ursache des Streites, und die Leiterin des Geschäftes musste zähneknirschend die Teppiche in den Laden bringen lassen. Alle Teppiche hatten schon Namensschilder. Es handelte sich also um die sogenannte „Bückdichware"! Die Teppiche standen nun offiziell zum Verkauf, und die Straftäterin erwarb sofort einen Teppich. Da Peter und ich schon lange einen neuen Teppich suchten und in keinem Geschäft so schöne Teppiche gesehen hatten, kaufte ich uns auch ein sehr schönes Exemplar.

Als ich bezahlt hatte, hörte ich, wie der ABV die Straftäterin mit einer einmaligen Zahlung von 50 Mark belangte. Ich bin zu der Kundin gegangen, habe ihr 25 Mark in die Hand gedrückt, sie in den Arm genommen und mich für den wunderschönen Teppich bedankt, den ich ohne ihre Kurzschlusshandlung nie bekommen hätte."

Der Vertrieb von „Bückdichware" war also auch nicht so ungefährlich, wie manche heute erzählen!

Die Erfindung des Farbfernsehers in der DDR.

❊ Kennst du den? ❊

Ein Kunde hat eine Briefmarke mit einem Walter-Ulbricht-Porträt gekauft. Doch die Marke will partout nicht kleben. Er reklamiert die Marke auf der Post. Der Mann hinterm Schalter erkennt die Fehler schnell: „Sie müssen hinten draufspucken."

Uraltes Schusterwerkzeug
tut immer noch gute Dienste

*Arnold Kotrba stammt aus dem Sudetenland. Heute lebt
der Rentner in Neubrandenburg. An seine Schuhe lässt
der Senior keinen ran.*

Als 15-Jähriger habe ich mir, noch in meiner alten Heimat, das
wichtigste Handwerkszeug gekauft, um unsere Schuhe zu besoh-
len. Leder war damals vorhanden. Durch die Umsiedlung nach
Mecklenburg wurden wir Landarbeiter. Ich wuchs. Die Schuhe und
meine Bekleidung wurden zu klein. Meine Schuhe zerfielen in ein
Ober- und ein Unterteil.

Jetzt kamen mir mein Schusterwerkzeug und mein Schustertalent
zugute. Die reparierten Schuhe haben noch so lange gehalten, bis
ich mir auf Bezugsschein neue kaufen konnte, die für den „Aus-
gang" besser passten. Die Anschaffung eines Dreifußes ermöglicht
mir bis heute so manche Kleinreparatur. Es muss nicht gleich alles
neu gekauft werden.

Wozu man selbst in der Lage ist, macht Freude und spart Geld.

❀ Kennst du den? ❀

Im DDR-Radio: „Beim nächsten Ton ist es 8 Uhr. Piep. Und
nun noch eine Sonderdurchsage für die Herren von der
Volkspolizei: 8 Uhr ist es, wenn der große Zeiger nach oben
zeigt, und der kleine auf die Brezel."

Arnold Kotrba repariert seine Schuhe an seinem geschätzten Dreifuß. Die Schleifmaschine hat er sich selbst gebaut. Sie wird mit einem alten Waschmaschinen-Motor angetrieben.

Zum Glück war mein vietnamesischer Freund Tang ein Raucher ...

Siegrid Dominik aus Neubrandenburg hat in den 1980er Jahren vietnamesische Gastarbeiter im VEB Pharma unterrichtet. An eines von vielen Erlebnissen erinnert sie sich immer wieder gerne.

In den 80er Jahren arbeitete ich beim VEB Pharma im Neubrandenburger Stadtteil Weitin. Junge Leute aus Vietnam kündigten sich an. Sie hatten in Thüringen zwar einen Schnelldurchgang Deutsch absolviert, doch für den Einsatz in der Produktion und im Umgang mit unseren Landsleuten reichten die Kenntnisse längst nicht aus. Von der Personalabteilung wurde ich gefragt, ob ich bereit wäre, in der Gruppe zu unterrichten. Ich sagte gleich zu. Es war nicht das erste Mal, dass ich Ausländern unsere Sprache vermittelte.

Die Frauen und Männer waren in Nordvietnam beheimatet. Alle nutzten ihre Delegierung in die DDR, um ihre meist großen Familien in der Heimat materiell zu unterstützen. Wir waren schnell dicke Freunde. Außerhalb des Unterrichts riefen sie mich „Mutti". Sie machten es mir leicht mit dem Unterricht. Manchmal hatte ich sogar den Verdacht, sie hätten die aktuelle Lektion schon „vorausgelernt", so flutschte die Stunde. Noch nie war ich so disziplinierten Schülern begegnet. Neben dem Lehrbuch half ich bei der Vermittlung mit verschiedenen Folien und dem Polylux. Ein unverzichtbares Universalobjekt. Solange es funktionierte. Wehe, wenn man eine Stunde darauf aufgebaut hatte und der Polylux streikte! Da stand dann auch der einfallreichste DDR-Lehrer grübelnd vor einem Rätsel. Mittendrin in einer meiner Stunden versagte das Gerät. Duster war's. Was nun? Während ich mit der Situation haderte, stand unser Nghyen Tang bereits am Gerät. Ein paar prüfende Blicke seinerseits genügten. Schon schien er die Ursache herausgefunden zu haben. Jedenfalls schraubte er die Glühbirne heraus und nickte nur. Seiner Jackentasche entnahm er eine Zigarettenpackung. Wollte er erst mal eine schmauchen? Nein. Tang entleerte die Schachtel, löste das innere Staniolpapier und riss einen Teil ab. Diesen rollte er fest um einen Stift der Birne und schraubte diese wieder ein. Siehe da. Es ward wieder Licht! Zumindest im Polylux und an der Projektionswand. Stunde gerettet! Ich musste Tang einfach mal in den Arm nehmen. Alles lachte.

Was haben Ossis und Vietschis gemeinsam? Die Not hat sie erfinderisch gemacht, wobei ich Letzteren sogar den ersten Rang zuspreche.

❀ Kennst du den? ❀

Eines Morgens im Winter steht Erich Honecker auf, schaut nichts ahnend aus dem Fenster und erkennt einen Schriftzug im frisch gefallenen Schnee. „Erich Honecker ist doof!" Honecker zitiert Erich Mielke ran und fordert den Stasi-Chef auf, unverzüglich den Schuldigen ranzuschaffen. Mielke sieht sofort, dass der Satz in den Schnee gepinkelt wurde. Eine Urin-Probe geht ans Stasi-Labor und der Schuldige ist schnell gefunden. „Uns Egon war's", berichtet Mielke an Honecker. Der brüllt: „Das gibt's doch gar nicht, sofort in den Knast mit dem Verbrecher!" Mielke beschwichtigt seinen Chef: „Da gibt es allerdings ein Problem, Erich. Die Handschrift stammt von Margot."

Der tollkühne „König der Lüfte"
und seine verhinderten Seilbahnen

Siegfried Wauer wollte schon immer hoch hinaus. Zu DDR-Zeiten arbeitete er als Stahlbauschlosser in luftigen Höhen auf zahlreichen Großbaustellen. Schon früh versuchte er sich am Bau von Seilbahnen.

„König der Lüfte" – dieses Kompliment nimmt Siegfried Wauer (Jahrgang 1938) gerne entgegen. Dem aus der Lausitz stammenden Senior aus Stolpe – gelegen zwischen Neustrelitz und Woldegk – steht die Bezeichnung auch zu. Jahrzehntelang war er als Stahlbaumonteur unterwegs auf DDR-Großbaustellen wie dem Energiekombinat Schwarze Pumpe, dem Kraftwerk Boxberg oder aber dem Fährhafen Sassnitz. Monteure wie er fertigten die schweren, stählernen Gerüste für riesige Hallen. Oft balancierte er in Höhen von mehr als 20 Metern über dem Abgrund – ohne Seil und doppelten Boden. Ganz nah bei den Wolken konnte er sich fühlen, als er in 240 Meter Höhe bei der Montage des Schweriner Fernsehturms dabei war.

Offensichtlich hat sich bei dieser Arbeit der Höhen-Virus in Siegfried Wauer festgesetzt. Auch als Senior wollte er immer wieder hoch hinaus. Er baute etliche Seilbahnen, die als Gaudi für Kinder und Erwachsene gedacht waren. Dass Siegfried Wauer immer schon etwas übrig hatte für selbst Entwickeltes und Gebautes, belegen zwei Dokumente aus seinem Leben: 1977 reichte er einen Neuerer-Vorschlag in seinem Betrieb, dem VEB Stahlbau Niesky, ein. „Transportable Rüstung für die Firstausbildung", heißt es in einem Dokument. Eine Idee, die sich für den Volkseigenen Betrieb offensichtlich lohnte. Der Gesamtnutzen wurde von seiner Firma

Siegfried Wauer hat seine Seilbahnen stets selbst getestet, oft unter Schmerzen. Als Stahlbauschlosser ist er luftige Höhen wie auf dem Fernsehturm in Schwerin gewöhnt.

auf mehr als 2700 Mark bezifferte. Siegfried Wauer bekam seinerzeit immerhin eine Prämie von 50 Mark.

Ein zweites Beispiel für Wauers Phantasie und Tatendrang: Als es im Jahr 2000 zu einem Streit mit einem Nachbarn wegen des Standortes einer Scheune kam, verschob der Stahlbaumonteur das komplette, zehn mal elf Meter Gebäude einfach. Mit einem Traktor bugsierte er die auf Eisenbahnschienen gelagerte Scheune um zehn Meter. Zwei Jahre später musste er sie nach einem verlorenen Rechtsstreit wieder zurückschieben.

Man erkennt schnell, der Mann ist nicht nur ein Tüftler, er hat auch keine Angst, sich mit der einen oder anderen Behörde anzulegen. Das sagt er, wenn er über eines seiner Hobbys berichtet – den Bau von Seilbahnen. Alle fünf Projekte basierten auf dem gleichen Prinzip: Wauer spannte zwischen zwei hohen Masten ein starkes Drahtseil, über das eine Rolle lief. An der Rolle waren zwei Griffe installiert, an denen sich die Wagemutigen festhalten konnten. Netze oder zusätzliche Sicherungsseile gab es nicht.

Seine erste Seilbahn errichtete Wauer Mitte der 70er Jahre in seiner alten Heimat, der Oberlausitz. Als Stahlseil nutzte er ein Abspannkabel für Antennen. Von einem Podest aus konnten die Kinder an der Rolle runtersausen. Die Landung erfolgte in einem Heuhaufen. Zehn Pfennige Eintritt nahm Wauer für eine Fahrt. Sein nächstes Seilbahn-Projekt verwirklichte er 1992 auf dem Grundstück seiner Lebensgefährtin in Stolpe. Am Giebel der Scheune hatte er aus Kanthölzern ein neun Meter hohes Gerüst gebaut, von dem aus man runterfahren konnte. „Das war mehr als gewagt", erinnert sich der „König der Lüfte". Nach eigenen Worten hat er als Einziger das Risiko auf sich genommen, vom Podest aus quer über das große Grundstück zu segeln.

Der ehemalige Stahlbauschlosser Siegfried Wauer lebt heute in
Stolpe zwischen Woldegk und Neustrelitz.

Wauer kommt ins Schwärmen, wenn er über seine Seilbahnen erzählt. Nicht nur die Turm-Konstruktionen mussten vorher exakt geplant werden. Wichtig war es auch, die Flugbahn zu berechnen. Beispielsweise, wann jeweils der tiefste Punkt bei der Fahrt am Seil erreicht wurde. Vieles hat Wauer im Selbstversuch getestet. Die eine oder andere Blessur hat er bei so manchem unsanften Sturz davongetragen. Seine dabei malträtierten Turnschuhe hat er als „Beweisstück" aufgehoben.

Weitere Seilbahnen á la Wauer folgten Ende der 1990er Jahre auf einem Spielplatz in Stolpe, zusammen mit seinem Sohn in der Wildnisschule Teerofenbrücke bei Schwedt sowie 2012 in Buggow zwischen Anklam und Wolgast, wo die rasende Fahrt von einem Mast aus über einen Silo führte. Auch wenn er sich beispielsweise in der Wildnisschule „sehr viel Mühe gegeben" hatte, die Behörden konnte Wauer von seinen waghalsigen Seilbahnen nicht überzeugen. Sie verboten den Betrieb. „Ämter waren für mich ein Fremdwort", sagt er selbst. So bleiben nur viele Fotos vom „König der Lüfte" während mutiger Fahrten auf seinen selbst gebauten Seilbahnen.

❀ **Kennst du den?** ❀

Kann man aus einer Banane einen Kompass machen? Klar. abends die Banane auf die Berliner Mauer legen. Dort, wo am nächsten Tag abgebissen wurde, ist Osten.

Wer ist der größte Chirurg der Welt? Walter Ulbricht. Der hat das Herz Europas zum Arsch der Welt gemacht.

❀ Kennst du den? ❀

Onkel Paul bekam als hundertprozentiger Kommunist in den 80er Jahren die Erlaubnis, Verwandte in der BRD zu besuchen. Und das als treuer DDR-Bürger. Sein Onkel führte ihn in einen Baumarkt. Der Mitarbeiter sagte: „Bei uns können Sie alles kaufen. Wir liefern sofort." Als Onkel Paul wieder glücklich in der DDR war, wird er gefragt, wie es im Westen war. „Ach", sagte er, „da braucht Ihr nicht hinfahren, es ist wie in der DDR: Für Westgeld kannst Du alles kaufen."

Einfache Lösung für die fehlenden Krampen am Vogelhäuschen

Oft waren es kleine Dinge, die fehlten. Diese Erfahrung machte auch Joachim Stapel, der von Kindesbeinen an Nistkästen und Futterhäuschen baute. Seine „Neuerer-Idee" hat Bestand.

Joachim Stapel aus Neubrandenburg hat längst aufgehört, die Nistkästen zu zählen, die er gebaut hat. Mehrere 100 seien es, die rund um die Viertorestadt in den Wäldern und Parks an Bäumen hängen. Einer der ersten, ein Kauz-Kasten, hängt heute noch im Park von Leppin, wo Stapel geboren ist. Hinzu kommen zahlreiche Futterhäuschen. Als Ornithologe ist er natürlich auch daran interessiert, was sich so tut im Nistkasten. Welches Vogelpaar hat sein neues Heim bezogen? Wurden Eier gelegt? Wie geht es dem Nachwuchs? Zusammen mit seiner Frau Martina sowie den Söhnen Georg und Thomas kontrolliert der Naturfreund regelmäßig seine Kästen. Die Standorte hat er alle im Kopf.

Zum Zwecke der Beobachtung hat Stapel von Anfang an Kästen gebaut, deren Dächer abklappbar waren. Dabei wurden aus etwa vier Millimeter starkem Draht zwei Haken gebogen, die in Krampen eingehängt wurden. Zwei weitere Krampen wurden für die Aufhängebügel benötigt – also vier je Kasten. Doch irgendwann in den 1980ern wurden selbst Krampen in der größten Deutschen Demokratischen Republik knapp. Aber Stapel war helle: Er erfand eine „krampenlose Lösung". Er fixierte den u-förmig gebogenen Draht durch Bohrungen beidseitig in der Schmalseite des Daches sowie in den Seitenwänden des Kastens. „Diese 'Klammern` halten das Dach beim Hochklappen und nach vorne Drücken", erklärt Stapel.

Stapels Kästen halten lange. Mehr als 40 Jahre alt ist ein Nistkasten, den er gefertigt hat, als es in der DDR noch Krampen gab. Regelmäßig repariert er defekte Nisthilfen. Die Vögel danken's ihm. Immer wieder begrüßt er diverse Singvögelpaare. Stapel hat aber auch ein Herz für Fledermäuse und Eulen, für die er freilich spezielle, deutlich größere Nisthilfen baut. Das ein oder andere Insektenhotel hat er ebenfalls gebaut. Wer sich Anregungen für den Bau der Nistkästen holen will, kann bei Stapels vorbeischauen. Am Hausgiebel hängen mehrere Varianten. Bei Interesse kann für ein persönliches Gespräch mit dem Vogelkundler auch gerne an der Haustür geklingelt werden.

Der krampenlose Nistkasten ist nicht die einzige Erfindung des Naturfreunds. In speziellen Nistkästen führt er den Durchschlupf über zwei versetzt liegende Löcher in die Bruthöhle. Auf den ersten Blick

Der mehr als 40 Jahre alte Kasten bietet Vogelpärchen heute noch eine Heimstatt.

ist von vorne gesehen kein richtiges Loch zu erkennen. Räuber sollen so keine Chance bekommen, bis zu den Eiern beziehungsweise den Jungen vorzudringen. Immer wieder muss sich Jochen Stapel etwas einfallen lassen. Eine Blechverkleidung beispielsweise, wenn sich der Specht in den Nistkasten hacken will. An Stapels Haus kann man zudem schön sehen, wie in Dachkonstruktionen beispielsweise relativ einfach Nisthilfen geschaffen werden können.

Auch für einen Waldkauz entwickelte Stapel einen besonderen Kasten in Dreiecksform. 1982 baute er mehrere Nisthäuser dieser „Serie". „Ich habe die Form gewählt, weil ich über keine Holzteile verfügte, die breiter als 30 Zentimeter waren", erinnert er sich. Für die Dachteile hat er Reste von Aluminiumblech genutzt, die beim Bau einer Sporthalle in der Neubrandenburger Oststadt angefallen waren. Von den zehn Kästen, die er damals baute, gibt es heute noch sechs im Wald. Davon waren 2017, in diesem Jahr war der Waldkauz „Vogel des Jahres", zwei besetzt.

Bis heute legt Stapel viel Wert auf Nachhaltigkeit. Für neue Nistkästen kauft er in der Regel kein Holz. „Es ist Wahnsinn, was die Leute alles wegschmeißen", sagt er. Jüngst barg er beispielsweise in Berlin in Abstimmung mit den Handwerkern Eichenparkett aus dem Bauschutt. Das sei sehr gut geeignetes, weil robustes Holz für Nistkästen.

❀ **Kennst du den?** ❀

Gestern noch standen wir vor dem Abgrund.
Heute sind wir einen Schritt weiter.

Ein Waldkauz schaut aus einem Kasten, den Joachim Stapel 1982 baute. Das Blech stammt aus Abfällen eines Metalldaches. Weil es keine Krampen gab, erfand er den krampenlosen Nistkasten.

Bananen für heißhungrige Oma

Oma Gertrud aus Bergholz bei Löcknitz liebte Bananen. Doch woher nehmen, wenn nicht stehlen. Bekanntermaßen waren Bananen rar in der DDR, weil sie einen Bogen um das Land machten. In Bergholz gab es die begehrten Früchte noch seltener als anderenorts. Erreichten doch mal Bananen den Konsum, konnte es passieren, dass jedem Erwachsenen lediglich eine zugeteilt wurde. Diese eine Banane reichte längst nicht, Oma Gertruds Heißhunger zu stillen. Doch Sabine hatte einen Bekannten in Berlin, den Studenten Dietmar, dem sie von Omas Bananen-Leidenschaft erzählte. Der junge Mann war helle. Als es in der Hauptstadt, die besser versorgt wurde, Bananen gab, schnappte sich der Student seinen Trabant und klapperte alle Kaufhallen ab. Er kaufte Bananen, so viel er bekommen konnte und durfte. Zwischengelagert wurden die wertvollen Südfrüchte in der Badewanne im Internat. Dann ging der Bananen-Transporter nach Bergholz. Oma Gertrud gingen die Augen auf, als sie den Bananen-Trabi erblickte. Die nächsten Tage gab es Bananen in allen möglichen Variationen: frisch, als Kompott, als Mus, als Marmelade, als Likör … Oma war glücklich! Bis zum nächsten Heißhunger-Gefühl. Heute, mit fast 90 Jahren, kann Oma Gertrud keine Bananen mehr verknusen. So ändert sich der Geschmack.

❀ Kennst du den? ❀

Hast Du Hammer, Zange, Draht,
kannst Du fahren bis nach Leningrad.

Technik, die begeistert

Geht nicht, gibt's nicht. Das war die Devise der klugen Erfinder,
die folgende Geräte konstruiert und gebaut haben.

Feinste Technik

Kaum zu glauben, aber mit
diesem außergewöhnlichen,
1977 hergestellten Eigen-
baugerät wurde einst Fein-
wäsche gesäubert. Das Gerät
stauchte die Kleidungsstücke
mit Hilfe der am Ende an-
gebrachten Saugglocke, die
normalerweise für Wasser-Klo-
setts gedacht war, sanft. Die
Waschlauge wurde sowohl für
normale als auch für Feinwä-
sche gleichzeitig genutzt. Ge-
schleudert wurde die Wäsche
dann auch wieder zusammen.
Der Antrieb erfolgte über
einen Elektromotor.

Textilmuseum Forst

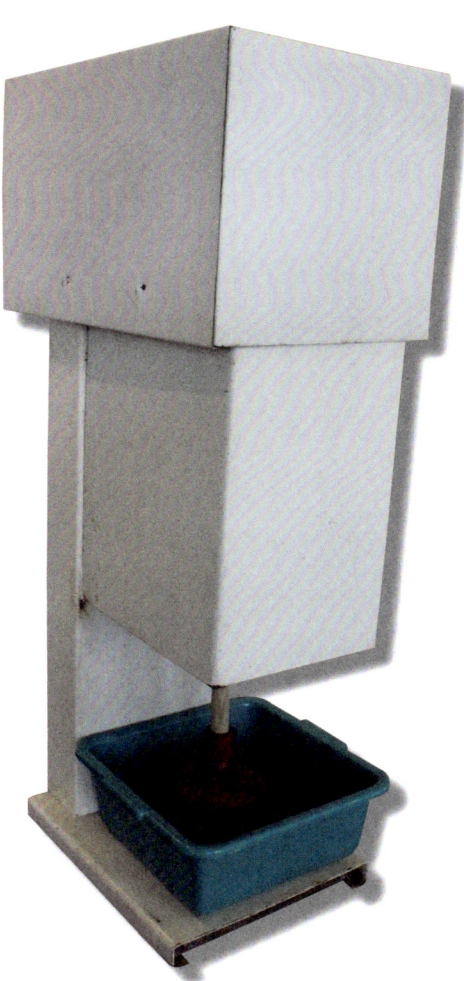

Dauerbrenner

Herbert Dersch aus Forst baute diesen Heizlüfter nach einer Bau-
anleitung aus dem Heimwerkermagazin „practic". Er erinnert sich:
„Der Bau war eine typische DDR-Aktion mit all ihren Werkzeug-
und Materialbeschaffungsschwierigkeiten. Da als Lüftungsmotor
ein von einem Plattenspieler stammendes Teil vorgesehen war, der
nur eine geringe Drehzahl hatte, musste ein bestimmter Konden-
sator zwischengeschaltet werden, um den Motor auf eine deutlich
höhere Drehzahl zu bringen. Bei 'Funk und Technik' bekam ich ein
solches 'Goldstück'. Er gab aufgrund der Strahlungswärme nach
zwei Minuten den Geist auf. Ein Elektriker überließ mir Keramik-
Kondensatoren, die ich in Reihe schaltete. Und siehe da, der Lüfter
funktionierte. Er läuft und läuft und läuft. Und wenn keiner ihn ver-
schrottet, läuft er in 100 Jahren noch." *Textilmuseum Forst*

Hightech

Das Gerät kann als Oszillograph und als Sinusgenerator verwendet werden. Beides wurde beim Reparieren von Rundfunk- und Fernsehtechnik benötigt. Die Teile, darunter viel Mangelware, wurden einzeln zusammengekauft. *Textilmuseum Forst*

Pssst!

Eine „stumme Geige" von Manfred Gebhardt aus Forst. Sein Vater hatte ihm das Instrument zum Üben gebaut, weil sie leiser ist und deshalb auch im Mietshaus verwendet werden konnte. Gebhardt spielt bis heute mehrere Instrumente, auch Geige. *Textilmuseum Forst*

Durchsicht

Dieses Unterwassergehäuse für die Kamera EXA 1A hat sich Axel Schneider gebaut. Verwendung fanden unter anderem ein 20-mm-Super-Weitwinkelobjektiv, zwei Blitzlichtkammern aus ausgedienten Warnanlagen vom Tagebau, Griffe von Heizkesseln sowie ein Ventil zum Luftaufpumpen für den Druckausgleich. *Textilmuseum Forst*

❀ Kennst du den? ❀

Wer war der erste Mensch, Fritzchen", fragt der Lehrer. „Unser geliebter Genosse Stalin, Herr Lehrer", brüllt klein Fritzchen. „Nein, so war es nicht gemeint", erklärt der Lehrer, „ich meine Adam." „Ach so", antwortet Fritzchen verdutzt, „wenn Sie die Kapitalisten mitzählen."

Abgefahren

Dieser selbst gebaute Handwagen verkehrte in Weißwasser (Oberlausitz). Der Ort war zu DDR-Zeiten eine Eishockey-Hochburg. Da lag es nahe, das Gefährt aus kaputten Eishockey-Schlägern herzustellen. ***Textilmuseum Forst***

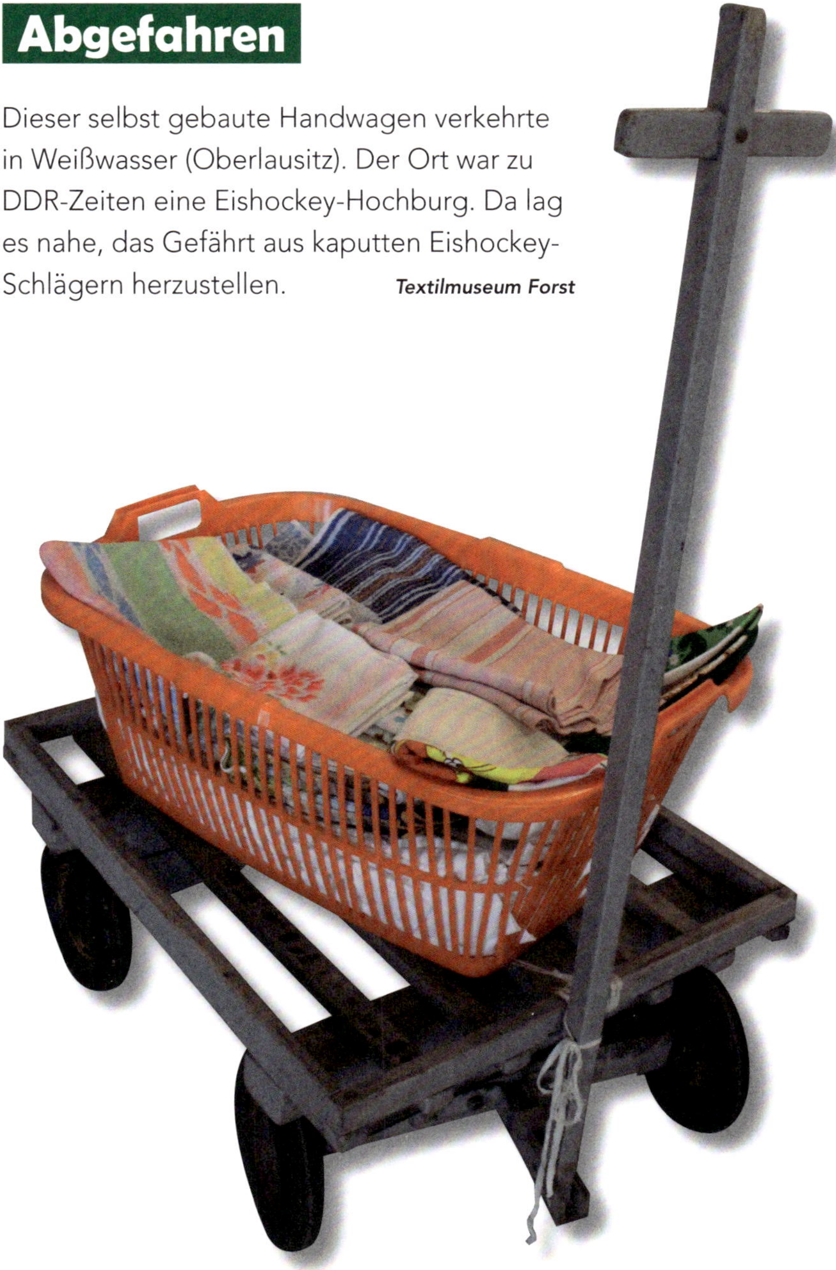

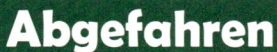

Wenn sie in einer halben Stunde noch immer da sitzen,
gehe ich hin und sage „Küchenschluss".

Spielen macht Spaß

Gefährlich - die gehäkelten Filmlegenden von Karl May

Arthur der Engel, Winnetou und Old Shatterhand – Wahnsinn, wie stilsicher Evelyn Gebhardt diese Figuren gefertigt hat. Indianer und Cowboy blieben in der DDR besser in der Wohnung, erinnert sie sich.

1970 begann ich, kleine Tiere zu häkeln. Als erstes entstand ein gestiefelter Kater, später kamen Esel, Kamel, Schwein und Bär hinzu. Zur Jugendweihe 1971 häkelte ich Häschen als Tischkarten, die die Gäste erfreuten.

Zu dieser Zeit war die Trickfilmfigur Arthur der Engel sehr populär. Anders als heute gab es keine Begleitprodukte zu Filmen. Aber ich wollte so eine Puppe gerne haben, also hatte ich sie mir hergestellt. Der kleine Mann war einige Male in meiner Schule ausgestellt.

Ganz anders erging es den zwei Karl-May-Figuren. Mit dem Wechsel auf die Erweiterte Oberschule (EOS) lernte ich einen neuen Umgang mit Wahrheit im Privaten und Öffentlichen kennen. Ein Schulfreund lieh mir Karl-May-Bücher. Mir eröffnete sich eine völlig unbekannte Welt. Doch in dieser Zeit stieß ich auch auf das Bangen meiner Eltern. Sie schärften mir ein, keinem zu erzählen, vor allem nicht in der Schule, dass ich diese Bücher lese. Ich sollte die Bücher außerdem nicht außerhalb unseres Hauses lesen. Glauben mochte ich die Sorgen nicht. Bei einem Besuch im Karl-May-Museum in Radebeul fragte ich einen älteren Herrn, der im Museum führte, nach diesen Büchern. Ich floh allerdings verängstigt, denn ich wurde laut beschimpft. Der Mann wollte meine Adresse und die meiner Schule, um Bescheid zu geben, dass ich versuchte, an verbotene Schriften heran zu kommen. Den Eltern erzählte ich nichts davon. Aber ich arbeitete still an meinen beiden Männern weiter. Material fand ich überall: Hölzerne Kochlöffel, Stoff- und Wollreste, Watte zum Stopfen. Ein besonderer Fund war das weiche Fensterleder bei der Großmutter, das sie mir sogar überließ. Die Bärenkrallen aus Knetmasse, die Winnetou trug, überlebten die Jahrzehnte allerdings nicht. Ich hatte ein Bild von Winnetou aus den Filmen. An diesem Foto orientierte ich mich bei den Stickereien. Das Bleichgesicht aber entsprach meinem Idealbild eines schönen starken Mannes. Während Arthur die Wohnung verlassen durfte, blieben die beiden anderen Männer daheim. Sie standen im Kinderzimmer. Wenn aber offizieller Besuch kam, wie meine Lehrerin zum jährlichen Elternbesuch oder Kollegen meiner Eltern, dann wurden Winnetou und Old Shatterhand weggeräumt.

Ach, noch so ein kleines Detail: Der Sheriffstern, den Arthur trägt, ist aus dem Stern der Lenin-Pioniere gemacht, den ich mit Goldpapier umwickelt habe.

Textilmuseum Forst

✿ Kennst du den? ✿

Was ist vollendeter Sozialismus in der DDR? Wenn der SED-Parteisekretär den Pfarrer fragt, ob er ihn am Sonntag trauen kann, der jedoch antwortet: „Am Sonntag hab ich keine Zeit, da muss ich zur Kampfgruppen-Übung."

Warum können die Ossis nicht vom Affen abstammen?
Weil es Affen nie 40 Jahre lang ohne Bananen ausgehalten hätten.

Obwohl Karl May ein Sachse war: Seine literarischen Figuren Old Shatterhand und Winnetou kamen in der DDR-Schule nicht vor.

Keine ideologischen Probleme gab es mit „Arthur der Engel", obwohl es doch Engel im Sozialismus gar nicht geben durfte.

Kinder-Flitzer

Ein Puppen-Auto? Nein, die Puppen sollen nur signalisieren, dass das ein Zweisitzer für kleine Menschen ist. Ein Bastler aus Ahlbeck auf Usedom hatte das Gefährt für seine Kinder gebaut. Das Gefährt verfügt dank des Motors eines Star-Mopeds über 3,4 Pferdestärken. Damit soll es der Flitzer immerhin auf bis zu 25 Kilometer pro Stunde gebracht haben.

Zweiradmuseum Dargen

Der Hölzerne

Diesen Holztransporter haben Mädchen und Jungen im Werk-
unterricht der Klasse 4 gebaut. Man beachte das hölzerne Rad auf
dem Fahrerhaus. Damit konnte die Vorderachse des Spielzeug-
lasters bewegt werden. *DDR-Museum Malchow*

Der Riese

Dieser Mähdrescher ist zu lang und zu schwer zum Spielen. Das
komplett aus Holz gefertigte Gerät ähnelt dem E512, der im Kombinat „Fortschritt" produziert wurde und überall auf den Getreide-
schlägen der LPG unterwegs war. *DDR-Museum Malchow*

Billard-Kunst

Dieses Tischbillard hat „Opa" gebaut. Mehr hat der Leihgeber nicht über das selbst gefertigte Billard verraten. Nur noch so viel: „Opa hat fast auch immer gewonnen!"   *Textilmuseum Forst*

Die Lustigen

Mit diesen witzigen Figuren kann man sich beim „Mensch ärgere Dich" doch gar nicht ärgern! Die farbenfrohen Figuren in verschiedenen Farben wurden aus Knetmasse geformt. *Textilmuseum Forst*

Musiküsse

Erst auf den zweiten oder dritten Blick erkennt man, woraus dieses Orchester besteht. Aus Kronkorken. Der Schöpfer der Mäuse-Band hatte auf jeden Fall ein ruhiges Händchen.

DDR-Museum Malchow

Knecht Ruprecht

Dieser Knecht Ruprecht steht nicht nur einfach so da. Er kann sich dank eines kleinen Elektromotors auch bewegen und die Rute schwingen.

Textilmuseum Forst

Der Fahrrad-Zauberer

Dieser Mann konnte jedes Fahr-
radteil brauchen: Karl-Heinz Wrobel aus Heiligenstadt im Eichsfeld.
Es begann irgendwann vor Jahren auf seinen
Spaziergängen mit dem Hund. Der stöberte auf
dem Schrottplatz – genauso wie sein Herrchen.
Wrobel erkannte, dass sich die Teile ausgedien-
ter Räder wieder verwenden lassen. Ob Radket-
ten, Speichen, Rahmenteile, Schrauben, Muttern, Lampen, Federn,
Fahrradschläuche und -mäntel – Wrobel nutzte für seine phanta-
sievollen Exponate alle Teile. Er baute daraus Schiffe, Figuren und
andere filigrane Konstruktionen, die er mit knalligen Farben

verzierte. Mehr als 200 Modelle gibt es von Wrobel. Bernd Heller, der Gründer des Zweiradmuseums Dargen, hatte von der einzigartigen Sammlung gehört. Etwa 100 Modelle zeigte er in einer Sonderausstellung und erwarb die Exponate zugleich für das Museum. „Vielleicht wird er ja noch entdeckt, und die Exponate erzielen Spitzenpreise", meinte noch im Jahr 2010 Hans-Joachim Liesenfeld, der selbst mehr als 1250 TV- und Rundfunkgeräte gesammelt hat. Liesenfeld kommt wie Wrobel aus Heiligenstadt. Der Fahrrad-Zauberer Wrobel hat es leider nicht geschafft, zu Lebzeiten entdeckt zu werden. Er verstarb in ärmlichen Verhältnissen.

Zweiradmuseum Dargen

Siegmund Jähn: Was wirklich geschah.

Inhaltsstoffe:
Sagen wir nicht!

❀ Kennst du den? ❀

Kaffee-Mix ist zu verwenden, soll das Unkraut
schnell verenden.

„Die Pille ist nun abgeschafft, Kaffee-Mix hat
die gleiche Kraft."

„Erichs Krönung"

Als die Weltmarktpreise für Kaffee 1977 explodierten, suchten die DDR-Oberen angesichts permanenter Devisen-Knappheit nach einer Alternative. Der „KaffeeMix" wurde erfunden. Doch „Erichs Krönung" hielt nicht, was die Wissenschaftler dem Volk versprachen. Kein Wunder, angesichts der Zusammensetzung: In dem Kaffee-Ersatz made in GDR fanden sich lediglich 51 Prozent Kaffeebohnen. Hinzu kamen Getreide und Hülsenfrüchte, wie Erbsen. Alles zusammen wurde gemahlen und geröstet. Es überrascht nicht, dass das Zeug ungenießbar war. „KaffeeMix" blieb wie Blei in den Regalen liegen. Wer konnte, schlürfte lieber „Jacobs Krönung" aus dem Westpaket. Wer musste, zahlte bis zu zehn Mark für 125 Gramm richtigen Bohnenkaffee im Konsum. Nach zwei Jahren verschwand der Ersatzkaffee wieder aus den Regalen.

Wo wohnt der

Parteisekretär?

Wie war die Stimmung in der DDR? Sie hielt sich in Grenzen.

Erich ruft Helmut Kohl an und fragt, ob er einen neuen Volvo bekommen könnte.
Darauf sagt Helmut scherzhaft: „Klar doch, geht seinen sozialistischen Gang."
Darauf Honecker ganz erschrocken: „Nein, nein ich brauch' ihn doch schon in einer Woche!"

Warum ist Honecker gegen Ende seiner Regierungszeit nur noch mit dem Flugzeug geflogen, anstatt Zug zu fahren?
Auf Flughäfen sagt keiner: „ZURÜCKTRETEN BITTE …"

Die jungen Rekruten der NVA beschäftigen sich im Polit-unterricht mit der Großen Sozialistischen Oktoberrevolution von 1917. Feldwebel Müller fragt am Ende der Schulung: „Hat einer der Genossen noch eine Frage?"
Rekrut Meier meldet sich: „Genosse Feldwebel, wie kommt es, dass die Große Sozialistische Oktoberrevolution erst im November gefeiert wird?"
Feldwebel Müller: „Das ist eine sehr gute Frage.
Aber für heute machen wir erstmal Schluss." →

✸ Kennst du den? ✸

Feldwebel Müller eilt zum Kompaniechef:
„Genosse Hauptmann, der Rekrut Meier möchte wissen, warum die Große Sozialistische Oktoberrevolution erst im November gefeiert wird. Was soll ich ihm sagen?"
Hauptmann: „Das ist eine sehr gute Frage.
Belobigen Sie den Mann. Sie hören von mir."
Hauptmann zum Regimentskommandeur:
„Genosse Oberst, der Rekrut Meier von der 2. Kompanie hat folgende Frage: Warum feiern wir die Große Sozialistische Oktoberrevolution erst im November?
Was befehlen Sie?"
Oberst: „Hervorragende Frage! Befördern Sie den Mann! Sie hören von mir."
Oberst zum Armeegeneral: „Genosse General, Rekrut Meier aus meinem Regiment möchte wissen, warum die Große Sozialistische Oktoberrevolution erst im November gefeiert wird. Welche Antwort befehlen Sie?"
General: „Nun, Genosse Oberst, das ist doch ganz einfach. Sehn Sie mal: Wenn Sie abends um zehn Radio Moskau einschalten, was hörn Sie dann? Die sowjetische Nationalhymne „Sojus" und so weiter, denn dort ist es schon zwölfe – zwei Stunden Unterschied! Und wann war die Sozialistische Oktoberrevolution? Nu, 1917, so viele Jahre bis heute und immer zwei Stunden! Das läppert sich halt so zusammen! Verstanden, Genosse Oberst?!"

Wie alles

2017

begann...

1984

LEXIKON

A wie Arbeiter, B wie Bauern, I wie Intelligenz – Einteilung
der DDR-Bevölkerung in Schichten, fand sich sogar als Vermerk in den
Klassenbüchern in Schulen hinter dem Namen des Kindes.

Blaue Fliese: 100 DM-Schein, der viele (Handwerker)-Türen öffnete

Deutrans, VEB: hervorgegangen aus der Deutsch-Russischen Transport
AG (DERUTRA AG), internationale Spedition der DDR

HO: staatliche Handelsorganisation

Genex: Geschenkdienst- und Kleinexporte GmbH, ein DDR-Unterneh-
men, das insbesondere „Bückware" anbot. Diese konnten DDR-Bürger im
Auslandseinsatz oder aber die Westverwandtschaft für Geschenke an die
„Brüder- und Schwestern" im Osten erwerben.

Großer Bruder: Synonym für die Sowjetunion. Der kleine Bruder namens
DDR musste dem großen Bruder möglichst alle Exportwünsche erfüllen.
(vgl. Witz S. 117)

IFA: Industrieverband Fahrzeugbau, erste und einzige Adresse für die
Autoanmeldung

Imperialismus: Laut Lenin ist der Imperialismus „parasitärer, faulender
und sterbender Kapitalismus", was der eine oder andere in der DDR
nicht glauben wollte. (vgl. Witz S. 143)

Jähn, Sigmund: 1978 der erste Deutsche im All, bis heute ein
DDR-Nationalheld

KIM: Kombinat Industrielle Mast; die Betriebe lieferten Eier und Fleisch.
KIM-Werbung: „Köstlich! Immer marktfrisch!"

LPG: Landwirtschaftliche Produktionsgenossenschaft

Honecker, Margot und Erich: SED-Chef und seine First Lady, sie agierte
sagenhafte 26 Jahre lang als Volksbildungsministerin (vgl. Witz S. 151)

Robur: von 1961 bis 1990 in Zittau produzierter Laster mit verschiedenen
Aufbauten, Vorgänger Granit bzw. Garant

Simson: 1856 von Löb und Moses Simson gegründete Firma in Suhl,
1945 bis 1990 Moped-Produktion, u.a. Vogel-Serie („Schwalbe", „Star")

VEB: Volkseigener Betrieb

Bildnachweise

Karikaturen: Andreas Meenke (Neubrandenburg)

Fotos: Frank Wilhelm

Außer: Hintergrund: © Goldengel - Fotolia.com, Titelbild: Veronika Müller; S. 9: Lohr Koman; S. 29: Kerstin Fiedler; S. 32: Wilfried Möller; S. 39: Hans-Horst Wolf (oben), Wolfgang Wiek (unten); S. 42: Ulf Saalmann; S. 44, 46: Dieter Schulze; S. 50: Frank Haney (links unten); S. 52: Veronika Müller; S. 53: Heiko Schulze (oben), Veronika Müller (unten); S. 54: Veronika Müller (oben), Angela Stegemann (unten); S. 55: Veronika Müller; S. 56: Simon Voigt; S. 57: Veronika Müller; S. 58: Gabriel Kords (oben), Tobias Lemke (unten); S. 65: August Horch Museum Zwickau; S. 69: Winfried Sonntag: S. 73: Heiko Schulze; S. 75: Oliver Spitza; S. 86: Wolfgang Wiek; S. 98: Ulrike Jünger; S. 100: Elke Enders; S. 103, 104: Elke Enders; S. 106, 107: Gesine Lange; S. 112,113: Dagmar Missuweit; S. 115: Bernd Tschörner; S. 120: Gudrun Weber; S. 122: Herbert Krüger; S. 124: Heike Schiebeling; S. 138: Gerd Brummund; S. 140: Julia Brummund; S. 145: Archiv Nordkurier; S. 153: Siegfried Wauer; S. 161: Jochen Stapel (oben); S. 179: Otto Roth, Eichsfelder Tageblatt; S. 183: Elke Enders; S. 190: Antje Wegwerth.

Quellen

- Anna Kaminsky: Frauen in der DDR. Berlin: Links Verlag, 2016.
- Die Kombinatsdirektoren. Jetzt reden wir weiter! Neue Beiträge zur DDR-Wirtschaft und was daraus zu lernen ist. Berlin: Edition Berolina, 2016.
- Katalog zur Sonderausstellung „Ja!" im Neubrandenburger Regionalmuseum
- Wolle, Stefan, Die heile Welt der Diktatur. Alltag und Herrschaft in der DDR. (1971-1989), Bonn 1998.
- Konsum-Marken. Ein unterhaltsamer Rückblick auf das Ostprodukt. Suhler Verlagsgesellschaft

Fußnoten

*1 Einheit werden wir erringen. In: Die Frau von heute 19/1953. Zitiert nach Anna Kaminsky: Frauen in der DDR, S. 184
*2 Katalog Versandhaus Leipzig, 1962. Zitiert nach ebenda
*3 Schubert, Karl-Ernst/Wittek, Georg: Zur Aufgabenstellung des Modeschaffens in der Deutschen Demokratischen Republik. In: Mitteilungen des Instituts für Marktforschung 2/1963. Zitiert nach ebenda, S. 187
*4 Pfannstiel: Sybilles Modelexikon. Zitiert nach ebenda, S. 193
*5 Weichsel, Ruth: Ist die individuell geschneiderte Oberbekleidung Luxus, Hobby oder Notlösung? In: Mitteilungen des Instituts für Marktforschung 1/1976. Zitiert nach ebenda, S. 102.

Zu danken für die Unterstützung ist dem Zweiradmuseum Dargen, dem DDR-Museum Malchow, dem Textilmuseum Forst, dem Regionalmuseum Neubrandenburg und dem DDR-Stübchen Lärz.

ZUM AUTOR

Der Autor Dr. Frank Wilhelm, Jahrgang 1963, ist in Seelow an der Oder geboren und in Bochow (bei Werder), Neuhaus (Thüringen), Guinea (Afrika) und Potsdam aufgewachsen. Er studierte Pädagogik in Güstrow (1985–1990) und promovierte anschließend (1990–1993) mit einer Arbeit zur literarischen Satire in der Sowjetischen Besatzungszone (SBZ) und der frühen DDR.

Seit 1993 arbeitet er als Redakteur bei der Tageszeitung Nordkurier. In mehreren Zeitungsserien hat er die DDR-Geschichte unter regionalen Aspekten beleuchtet, u. a. zum 17. Juni 1953, zu den Kommunalwahlen im Frühjahr 1989 sowie zur Wende 1989. Frank Wilhelm hat an der Herausgabe der mittlerweile drei Bände „1945 – Zwischen Krieg und Frieden" mitgewirkt, die bei mecklenbook erschienen sind. Zudem ist er Autor und Initiator des Buches „RAF im Osten – Terroristen unter dem Schutz der Stasi". Ende 2016 erschien das Ostwitze-Buch „Kennst du den?", das seitdem zahlreiche Liebhaber gefunden hat und vielfältige Erinnerungen weckt. Nun gibt es eine Fortsetzung aus der Kategorie heiterer Rückblick auf das Ossi-Leben, die noch viel abwechslungsreicher und tiefgründiger daherkommt.

ZUM ILLUSTRATOR

Andreas Meenke, geboren 1961 in Anklam, zeichnet seit seinem 3. Lebensjahr. Nach der Wende arbeitete er als Karikaturist bei der Tageszeitung Nordkurier, später als Grafiker und Mediengestalter sowie Werbegrafiker. Ihm eigen ist der ganz besondere Blick auf die kleinen Details, die den Alltag im Osten ausmachten – was seine Illustrationen und Karikaturen mit einer angenehmen Komik ausstattet. Seine unverwechselbare Handschrift hat er bereits beim 2016 bei mecklenbook erschienenen Ostwitze-Buch „Kennst du den?" hinterlassen.

DANK GILT ...

... den folgenden Einsendern und Gesprächspartnern,
die uns Witze und Sprüche zur Verfügung gestellt haben:
Ingrid Berg, Gerd Brummund, Helga Collin,
Gerno Flemming, Familie Gepert, Sybille Kempf, Sigrid Knauer,
Herbert Müller, Joachim Schwalbe, Adolf Seib
und Sabine Wiechert.

Auch bei mecklenbook erschienen

RAF im Osten
Terroristen unter dem Schutz der Stasi

Die linksextremistische Rote Armee Fraktion (RAF) hatte in der Bundesrepublik zwischen den 70er und 90er Jahren etliche Sprengstoffattentate, grausame Entführungen und Morde zu verantworten. Was niemand für möglich hielt: Zehn RAF-Aussteiger fanden in der DDR Unterschlupf – gedeckt von der Stasi. Sie bekamen eine neue Identität und das bis zur Wende 1990.

**Frank Wilhelm, Artikel-Nr.: 85761
200 Seiten, Softcover, eBook 9,90 €,
14,90 €**

Unsere besten Ostwitze
Kennst du den?

... wie, noch nicht? Dieses Buch versteht sich als wahre Schatzsammlung der beliebtesten und mitunter auch politisch heiklen DDR-Witze. Sie wissen ja, auch wenn einem manchmal die Kehle zugeschnürt war, gelacht wurde immer. Und damit einem das auch heute nicht vergeht, kommen Sie mit auf eine amüsante Zeitreise ins tiefste Ossi-Leben.

**Witze-Buch, Softcover, 144 Seiten,
Artikel-Nr.: 85784, 9,90 €**